"十四五"职业教育国家规划教材配套学习指导

职业教育物流管理专业教学用书

岗课赛证综合育人系列教材

U0748518

# 现代物流基础学习指导

主　编　陈雄寅　贾铁刚

副主编　梁　旭　陈佳露　庄秀婷

　　　　龚丹宜　黄国菲　高　健

主　审　韦妙花

电子工业出版社·

Publishing House of Electronics Industry

北京·BEIJING

# 内 容 简 介

本书是职业教育物流管理专业教材之一，是"十四五"职业教育国家规划教材《现代物流基础》的配套学习指导。为方便学生对知识和技能的掌握，本书中的每个任务均由"温故知新""拓展阅读"两部分组成。

本书的主要内容包括物流职业生涯规划、走进现代物流、体验物流作业、认识企业物流、走进第三方物流、体验电子商务物流、认识国际物流、认识物流信息技术、认识供应链。本书紧扣《现代物流基础课程标准》和《物流管理 1+X 认证考试大纲》。

本书既可作为职业院校物流管理专业及相关专业的教学用书，也可作为物流从业人员的参考资料和培训用书。

**图书在版编目（CIP）数据**

现代物流基础学习指导 / 陈雄寅，贾铁刚主编. —北京：电子工业出版社，2020.10

ISBN 978-7-121-39608-3

Ⅰ. ①现… Ⅱ. ①陈… ②贾… Ⅲ. ①物流管理－职业培训－教材 Ⅳ. ①F252.1

中国版本图书馆 CIP 数据核字（2020）第 180839 号

责任编辑：王志宇　　　　　　　特约编辑：田学清
印　　刷：涿州市京南印刷厂
装　　订：涿州市京南印刷厂
出版发行：电子工业出版社
　　　　　北京市海淀区万寿路 173 信箱　　　邮编 100036
开　　本：787×1092　　1/16　　印张：10.5　　字数：268.8 千字
版　　次：2020 年 10 月第 1 版
印　　次：2025 年 3 月第 11 次印刷
定　　价：29.00 元

凡所购买电子工业出版社图书有缺损问题，请向购买书店调换。若书店售缺，请与本社发行部联系，联系及邮购电话：（010）88254888，88258888。

质量投诉请发邮件至 zlts@phei.com.cn，盗版侵权举报请发邮件至 dbqq@phei.com.cn。

本书咨询联系方式：（010）88254523，wangzy@phei.com.cn。

# 前 言

构建现代物流服务体系，物流人才培养是关键。在商务部等五部门制定的《商贸物流发展"十三五"规划》中明确提出要加强人才培养，以提高实践能力为重点，切实提高物流从业人员的管理和操作能力。

"现代物流基础"是一门面向职业院校财经商贸类专业的基础课程，旨在向学生介绍现代物流的相关基础知识。为了帮助学生更好地学习和掌握"现代物流基础"的相关知识，我们编写了本书。

在编写本书的过程中，我们力求做到内容紧扣《现代物流基础课程标准》和《物流管理1+X认证考试大纲》，方便老师课堂教学，帮助学生巩固所学。

本书共有九个项目，分别是物流职业生涯规划、走进现代物流、体验物流作业、认识企业物流、走进第三方物流、体验电子商务物流、认识国际物流、认识物流信息技术、认识供应链。

为了方便学生对知识和技能的掌握，每一个任务均由"温故知新""拓展阅读"两部分组成。

（1）温故知新：根据每一个任务的主要知识点设置相应的练习题，题型包括单项选择题、多项选择题、判断题、填空题、简答题、案例题。

（2）拓展阅读：这部分内容主要包括与项目任务相关的拓展知识，用于进一步拓宽学生的知识面。

本书由陈雄寅、贾铁刚担任主编，负责全书的总撰和定稿；由梁旭、陈佳露、庄秀婷、龚丹宜、黄国菲、高健担任副主编；由韦妙花担任主审。

本书是"十四五"职业教育国家规划教材《现代物流基础》的配套学习指导。本书在编写过程中，借鉴和参考了许多相关的文献资料，我们在此对相关作者深表谢意。本书习题参考答案可以到"华信教育资源网"下载。由于编写时间仓促和编者水平有限，书中难免有疏漏之处，敬请广大读者批评指正。

编 者

# 目 录

# 项目一
## 物流职业生涯规划

CAREERS
AHEAD

# 任务一  了解知名物流企业

## 温故知新

### 一、单项选择题（从每小题给出的四个备选答案中选出一个正确答案，并将所选答案的字母填在括号内）

1. 至少从事运输或仓储一种经营业务，并能够按照客户的物流需求对运输、储存、装卸、包装、流通加工、配送等基本功能进行组织和管理，具有与自身业务相适应的信息管理系统，实行独立核算、独立承担民事责任的经济组织称为（    ）。

    A. 快递企业     B. 物流企业     C. 运输企业     D. 仓储企业

2. 经过物流企业综合评估试点，2005 年 7 月，中国物流与采购联合会公布了我国第几批 A 级物流企业名单？（    ）

    A. 一     B. 二     C. 三     D. 四

3. 在中国物流与采购联合会公布的我国第一批 5A 级物流企业中，属于仓储型的企业是（    ）。

    A. 中国远洋物流有限公司     B. 黑龙江华宇物流集团有限公司

    C. 安吉天地汽车物流有限公司     D. 中国物资储运总公司

4. 美国联合包裹运送服务公司的英文缩写是（    ）。

    A. UPS     B. FedEX     C. TNT     D. DPS

5. 联邦快递公司的英文缩写是（    ）。

    A. COSCO     B. EMS     C. FedEX     D. DAS

6. 右图是哪个企业的 LOGO？（    ）

    A. 中远海运物流有限公司     B. 中国外运股份有限公司

    C. 顺丰控股股份有限公司     D. 德国邮政世界网

7. 右图是哪个企业的 LOGO？（    ）

    A. 马士基集团     B. 中国外运股份有限公司

    C. 顺丰控股股份有限公司     D. 中远海运物流有限公司

8. 下列哪个公司的核心价值观是"成就客户、创新包容、平等尊重、开放共赢"？（    ）

    A. 中国外运股份有限公司     B. 美国联合包裹运送服务公司

    C. 顺丰控股股份有限公司     D. 德国邮政世界网

9. 下列哪个公司是世界上最大的快递承运商与包裹递送公司，同时也是运输、物流、资本与电子商务服务的领导性提供者？（    ）

    A. 美国联合包裹运送服务公司     B. 康捷国际公司

    C. 德国邮政世界网     D. TNT 集团

10. 下列哪个公司在集装箱运输、物流、码头运营、石油和天然气开采与生产，以及与航运和零售行业相关的其他活动中，为客户提供了一流的服务？（　　　）

    A. 马士基集团　　　　　　　　　　B. 菜鸟物流

    C. 顺丰控股股份有限公司　　　　　D. 申通快递

## 二、多项选择题（下列每小题给出的四个选项中，至少有两个选项是符合题目要求的，请将所选答案的字母填在括号内）

1. A 级物流企业分为哪几种类型？（　　　）

    A. 运输型　　　　B. 仓储型　　　　C. 综合服务型　　　　D. 快递型

2. A 级物流企业评估是针对人员素质、信息化水平和下列选项中的哪些方面，按照规范、标准的流程进行的物流企业综合评估认证？（　　　）

    A. 企业经营状况　　B. 资产情况　　　C. 设备设施　　　D. 管理及服务

3. 下列哪些企业入围我国第一批 5A 级物流企业名单？（　　　）

    A. 中国远洋物流有限公司　　　　　B. 中海集团物流有限公司

    C. 顺丰控股股份有限公司　　　　　D. 中铁快运股份有限公司

4. 下列哪些企业入围全球十大物流企业？（　　　）

    A. UPS　　　　　B. FedEX　　　　C. 德国邮政世界网 D. 日本运通公司

5. 德国邮政世界网的产品及服务主要包括（　　　）。

    A. 邮政　　　　　B. 物流　　　　　C. 速递　　　　　D. 金融服务

## 三、判断题（正确的打"√"，错误的打"×"）

1. 中国外运股份有限公司的初步愿景是成为国内外具有领先地位的综合物流服务平台企业。（　　　）

2. 中远海运物流有限公司由中国远洋物流有限公司、中海集团物流有限公司和中海船务代理有限公司重组整合而成。（　　　）

3. 顺丰控股股份有限公司目前的服务网络从中国内地延展到中国香港和中国台湾，但是还没有延展到国外。（　　　）

4. TNT 集团是目前世界上最大的快递承运商与包裹递送公司，同时也是运输、物流、资本与电子商务服务的领导性提供者。（　　　）

5. 马士基集团旗下的马士基航运是全球最大的集装箱航运公司，服务网络遍及全球。（　　　）

## 四、填空题

1. Logistics Enterprise 的中文翻译是（　　　　　　　　）。

2. A 级物流企业分为（　　　　　　）、（　　　　　　）、（　　　　　　）三种类型。

3. A 级物流企业评估是依据国家标准（　　　　　　　　），按照规范、标准的流程进行的物流企业综合评估认证。

4. 我国第一批 5A 级物流企业中唯一的仓储型物流企业是（　　　　　　　　）。

## 五、简答题

1. 什么是物流企业？

2. 什么是 A 级物流企业评估？

## 六、案例题

### （一）案例分析题

**请阅读案例，并根据案例回答第 1～2 小题。第 1～2 小题均为简答题。**

Z 公司是一家大型的国际快递公司，除了自身拥有几百架货物运输飞机，还租用了几百架货物运输飞机，每天 1000 多件的运输量。Z 公司在全球建立了 10 多个航空运输的中转中心，在 200 多个国家和地区建立了几万个快递中心。Z 公司的员工有几十万人，年营额有几百亿美元，在世界快递公司中享有较高的声誉。Z 公司是从事信函、文件和包裹快速传递业务的公司，在世界各国和地区均取得了进出的航空权。Z 公司在中国建立了许多快递中心。Z 公司充分利用高科技手段，塑造了迅速安全、物流服务内容广泛的完美形象。

（资料来源：物流配送实训案例）

1. Z 公司是否属于物流企业？物流企业的概念是什么？

2. Z 公司的主营业务是什么？

### （二）案例选择题

**请阅读案例，并根据案例回答第 1～5 小题。第 1～5 小题均为单项选择题。**

上海圆通速递（物流）有限公司（以下简称"圆通"）成立于 2000 年 5 月 28 日，经过多年的精心打造，现已成为集速递、物流、电子商务于一体的大型民营企业。圆通作为国内大型民营快递品牌企业，致力于成为"引领行业发展的公司"，以"创民族品牌"为己任，以实现"圆通速递——中国人的快递"为奋斗目标。它始终秉承"客户要求，圆通使命"的服务宗旨和"诚信服务，开拓创新"的经营理念。作为国内拥有航空公司的民营快递企业，圆通投入运营的自有全货机数量已达 12 架，基本搭建起覆盖各大区域的航线网络；腹舱航线总数超千条，覆盖国内城市 120 多个。圆通拥有 10 个管理区、58 个转运中心、5100余个配送网点、5 万余名员工，服务范围覆盖国内 1200 余个城市。圆通在香港注册了 Cats

Alliance Express（CAE）公司，以开展国际快递业务。圆通立足国内，面向国际，致力于开拓和发展国际、国内快递物流市场。圆通主营包裹快递业务，服务涵盖仓储、配送和特种运输等一系列的专业速递服务，并为客户量身制订速递方案，提供个性化、一站式的服务。圆通还将使用自主研发的"圆通物流全程信息监控管理系统"，确保每一票快件的时效和安全。虽然"三通一达"长期占据着快递市场的主要份额，但是和其他快递公司依然有着激烈的竞争。其中，不仅有价格上的竞争，还有着服务上的竞争。目前的"三通一达"和顺丰快递名列国内快递市场的前茅。虽然看起来这几个快递公司的排名并没有什么变化，但其实这几大巨头之间的差距越来越大。随着圆通取消双休日，并开始打起价格战，圆通此前积累的优势开始消失。圆通会如何直面自己发展中的问题，让企业继续前行，显得至关重要。

（资料来源：圆通速递）

1. 圆通属于下列哪一种类型的物流企业？（　　）
   A. 运输型　　　　B. 综合服务型　　　C. 仓储型　　　　D. 配送型
2. 下列哪家快递企业与圆通一样拥有自己的飞机？（　　）
   A. 顺丰　　　　　B. 中通　　　　　　C. 百世　　　　　D. 韵达
3. 下列属于圆通标志的是（　　）。

   A. 　　　B. 　　　C. 　　　D.

4. A级物流企业依据的国家标准是（　　）。
   A.《物流企业评估指标》　　　　　　B.《物流企业A级管理条例》
   C.《物流企业综合服务评估》　　　　D.《物流企业分类与评估指标》
5. 下列不属于"三通一达"的物流企业的是（　　）。
   A. 圆通　　　　　B. 韵达　　　　　　C. 百世　　　　　D. 申通

## 拓展阅读

### 顺丰正在编织巨大罗网：快递+电商+便利店+供应链

作为顺丰速运的创始人，王卫创业多年从未接受过媒体的专访，但这并不影响他和顺丰正在编织的巨大罗网，准备将"快递+电商+便利店+供应链"全部网罗其中。

1993年，当22岁的王卫在广东顺德创立顺丰速运，背着装满合同、信函、样品和报关资料的大包往返于顺德和香港之间时，他自己可能都没想到，这家公司有一天会突破两百亿元的年销售额，成为可以与中国邮政EMS抗衡的民营快递巨头。

但这并不能令危机感很强的王卫满意。如果三个月没有创新和变革，他就会有危机四伏的感觉。这么多年，无论是顺丰还是王卫，始终都不敢停下脚步。

在公司的内部发言中，王卫曾多次强调，具有冒险精神、敢于创新、敢于承担，这才是顺丰文化和顺丰精神所推崇的。

因此，从成立到现在，顺丰年年都有变化，唯一不变的就是"改变"。比如，王卫敢于打破加盟制的模式，力推直营；再比如，他从2009年开始筹建自有货运航空公司，并在2009年年底成为国内首家用自己的飞机运送包裹的快递公司。

2013 年，顺丰与元禾控股、招商局集团、中信资本签署协议（后三者总体投资不超过顺丰 25% 的股份），让顺丰二十年来第一次引进了外部股东，也让顺丰购置土地扩张中转场和航空枢纽，以及购置自动化系统和自动化设备有了更丰厚的资金支持。

王卫认为，自己淡出经营对公司的未来发展非常重要。"顺丰发展到今天，员工规模已经超过了二十万人，如果没有这批优秀的管理人员，单靠我王卫，是没有办法驾驭整个公司的局面的，而要想推动转型，最关键的就是员工思维和整个公司文化层面的改变。"

这两年，王卫在公司内部谈"转型"的次数比以往多了不少，而与过去安安心心做快递相比，顺丰的版图中的确多了新业务。

2012 年主打中高端食品的顺丰优选上线，标志着王卫大举向电商领域进军。2013 年，顺丰又开始在全国各地布局网购服务社区店"嘿客"。而在公司内部，电子商务、供应链等好几个事业部设立，快递物流、电商物流、汽配物流、食品医药服务、金融保险服务、国际电商服务等更多综合服务低调推出，旨在为客户打造一站式的综合物流解决方案。

在王卫看来，顺丰做合同物流虽然没有什么经验，但应是现在必须做的，因为现在一些大集团客户的需求已经发生了变化——他们希望把自己所有的物流服务都外包给一家物流公司，打通整个供应链。"国际四大快递巨头今天的组织架构和商业模式，就可以作为顺丰未来中长期发展的参考。国内目前那种分散招商，即大宗物流给一个供应商，快递给一个供应商，仓储、电商配送等又给一个供应商的操作模式，在不久的将来可能会有所调整，因此，现在就必须投入资源去做好。"王卫认为。

"我们设想的目标是，以后客户提起顺丰时，要用新的服务概念让其感受到顺丰不完全是做快递的，让其改口叫我们'顺丰服务'而不是'顺丰速运'。"王卫说，"接下来顺丰要打造出一个'物流百货公司'的概念，客户有任何物流需求都可以来找顺丰，这里能提供各种解决方案。客户带着需求进来，顺丰要让客户满载而归，这是我们远期必须达到的目标。"

（资料来源：第一财经日报）

## 任务二　认识物流企业的组织结构与工作岗位

### 温故知新

一、单项选择题（从每小题给出的四个备选答案中选出一个正确答案，并将所选答案的字母填在括号内）

1. 物流企业中制订本部门执行目标的管理层是（　　　）。
   A. 基层管理层　　　B. 中间管理层　　　C. 最高管理层　　　D. 职能管理层

2. 直接从事经营、对外建立经济联系、负责处理经营业务纠纷等，是企业组织机构的主体。这体现的是下列哪个管理层次的主要任务和职责权限？（　　　）
   A. 职能管理部门　　　　　　　　　　B. 人事管理部门
   C. 行政事务管理部门　　　　　　　　D. 业务经营部门

3. 事业部制实行下列哪一种管理？（　　　）
  A. 分权         B. 集权
  C. 分权和集权相结合     D. 多头领导

4. 物流企业中的职能部门主要负责（　　　）。
  A. 对外建立经济联系     B. 为经营业务活动服务而进行的管理工作
  C. 法律咨询        D. 处理经营纠纷

5. 集权与分权优化组合、员工素质较高、技术复杂的企业适合的组织结构类型是
（　　　）。
  A. 直线制   B. 职能制   C. 矩阵制   D. 事业部制

6. 对企业管理幅度和管理层次描述不正确的是（　　　）。
  A. 层次多势必幅度小
  B. 管理层次是指组织内纵向管理系统所划分的等级数
  C. 6～12 人之间的幅度通常是最理想的
  D. 现代化的企业组织更倾向于管理幅度窄层次

7. 对企业事业部制的组织结构描述错误的是（　　　）。
  A. 经营者的特点是独立经营、独立核算，有经营自主权
  B. 它本身是利润中心
  C. 适合于考核指标多元化的公司
  D. 它本身可以是法人

8. 对于劳动密集、经营对象单一、规模较小的企业，应采用的企业组织结构是（　　　）。
  A. 直线制   B. 职能制   C. 矩阵制   D. 事业部制

9. 在组织规模一定时，管理宽度和组织层次的关系是（　　　）。
  A. 正比关系   B. 指数关系   C. 反比关系   D. 相关关系

10. 从事项目管理的企业适合哪一种企业组织结构？（　　　）
  A. 直线制   B. 职能制   C. 矩阵制   D. 事业部制

二、多项选择题（下列每小题给出的四个选项中，至少有两个选项是符合题目要求的，请将所选答案的字母填在括号内）

1. 企业组织结构的要素包括（　　　）。
  A. 部门   B. 信息传递   C. 层次   D. 人员

2. 下列属于企业组织结构类型的有（　　　）。
  A. 直线制   B. 直线职能制   C. 事业部制   D. 矩阵制

3. 运输型物流企业的主要业务有（　　　）。
  A. 货运快递服务   B. 仓储服务   C. 报关服务   D. 运输代理服务

4. 综合服务型物流企业应同时符合下列哪些要求？（　　　）
  A. 从事多种物流服务业务，具备一定规模
  B. 根据客户需求，为客户制订整合物流资源的运作方案、提供契约性的综合物流服务
  C. 自有一定规模的仓储、运输设施设备
  D. 具备网络化信息服务功能

    5. 下列属于综合服务型物流企业的是（　　　　）。
       A. 中国海运集团　　　　　　　　B. 中国物资储运总公司
       C. 顺丰速运　　　　　　　　　　　D. 嘉里大通物流有限公司

## 三、判断题（正确的打"√"，错误的打"×"）

    1. 物流企业管理层数量越少越好。　　　　　　　　　　　　　　　　（　　　）
    2. 中间管理层可以修改和制定重大规章制度。　　　　　　　　　　（　　　）
    3. 大中型物流企业适宜3级管理。　　　　　　　　　　　　　　　　（　　　）
    4. 运输综合型物流企业应具备网络化信息服务功能，应用信息系统可以对物流服务全过程进行状态查询和监控。　　　　　　　　　　　　　　　　　　　　（　　　）
    5. 矩阵制能够加强不同部门之间的配合和信息流通。　　　　　　　（　　　）

## 四、填空题

    1. 物流企业组织结构的类型一般有（　　　　　　　　）、（　　　　　　　　）、（　　　　　　　　）、（　　　　　　　　）、（　　　　　　　　）。
    2. 物流企业的组织结构是指物流企业内部的组织机构按（　　　　　　）和（　　　　　　）有序结合的总体结构。
    3. 行政事务管理部门是间接服务于（　　　　　　）和（　　　　　　）的行政事务机构。
    4. 企业各级行政领导按照直线从上到下进行垂直领导，不另外设置专业职能机构的组织结构类型是（　　　　　　）。

## 五、简答题

    1. 物流企业如何分类？

    2. 物流企业组织结构从横向看如何划分？

## 六、案例题

### （一）案例分析题

**请阅读案例，并根据案例回答第1～2小题。第1～2小题均为简答题。**

    1989年，在广东中山市小榄镇，何伯权等五个年轻人租用"乐百氏"商标开始创业。据乐百氏一位高层人员介绍，创业伊始，何伯权等人与公司的每个员工都保持一种很深的交情，甚至同住、同吃、同玩，大家都感觉到，乐百氏就是一个大家庭，"有福同享，有难同当"，公司的凝聚力很强。这时采用直线职能制这种架构模式，使乐百氏在创业初期得到快速稳定的发展。12年间，五位创始人不但使乐百氏从一个乡镇小企业发展成中国饮料工业龙头企业，而且把一个名不见经传的地方小品牌培育成中国驰名商标。然而，随着乐百氏的壮大，原来的组织结构显得有点力不从心。此时，再按前面那位高层人员的话说，何伯权不可能再与公司的每个员工同吃、同住，原来的领导方式已起不到太大的作用。何伯权有些迷茫了。特别自 2000 年 3 月与法国最大的食品饮料集团达能签订合作协议，并由达能控股后，直线职能制的弊端暴露无遗。为了完成销售任务，分公司都喜欢把精力放在水和乳酸奶这些好卖的产品上，其他（如茶饮料）不太成熟的产品就没人下功夫，这对新产品的成熟非常不利。更糟糕的是，由于生产部门只对质量和成本负责，销售部门只对销售额和费用负责，各部门都不承担利润责任，其结果就变成了整个集团只有何伯权一个人对利润负责。近几年来，乐百氏的销售额直线下降，有着 50 年国际运作经验的达能肯定不愿看到这种局面，因此，寻求变化势在必行。其中，组织结构的改革就是为适应新形势而采取的举措之一。

（资料来源：来看看乐百氏组织结构的变革）

1. 请结合案例，简述什么是直线职能制。

2. 直线职能制的缺点是什么？

**（二）案例选择题**

**请阅读案例，并根据案例回答第 1 ～ 5 小题。第 1 ～ 5 小题均为单项选择题。**

顺丰速运作为我国首批物流民营企业之一，主要经营国际、国内快递业务，为广大客户提供快速、准确、安全、经济、优质的专业快递服务。经过多年的潜心经营和前瞻性的战略布局，顺丰速运已形成拥有"天网+地网+信息网"三网合一、可覆盖国内外的综合物流服务网络。其直营网络是国内同行中网络控制力强、稳定性高、独特稀缺的综合物流网络体系。2019 年 12 月，顺丰速运入选"2019 中国品牌强国盛典榜样 100 品牌"。2020 年 1 月 4 日，顺丰速运获得"2020《财经》长青奖"的"可持续发展创新奖"。下图是顺丰速运总部的组织结构图。

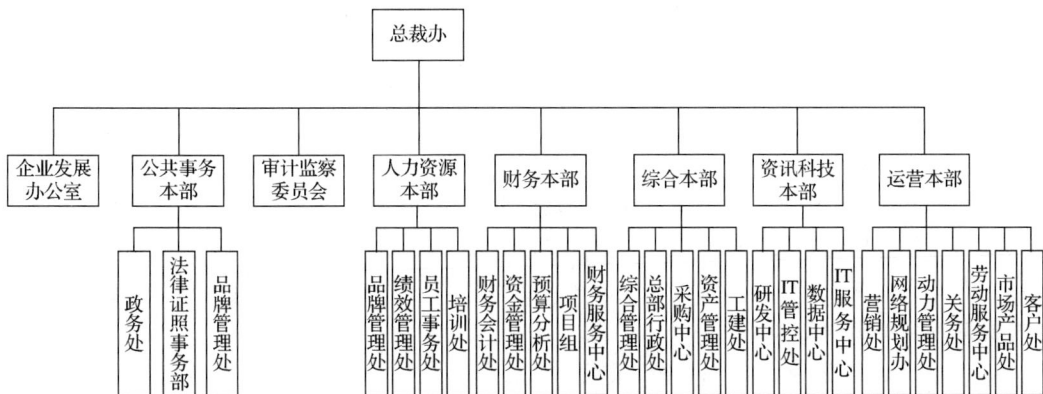

（资料来源：从顺丰、德邦、韵达的组织架构调整看物流产品变革）

1. 顺丰速运总部的组织结构属于哪一种类型？（　　　）

   A. 直线制　　　　B. 职能制　　　　C. 直线职能制　　　D. 事业部制

2. 顺丰速运总部的组织结构采用的管理办法是（　　　）。

   A. 各级行政领导按照直线从上到下垂直领导

   B. 吸取直线制和职能制优点

   C. 按产品类别、经营业务或地区设若干个事业部

   D. 按职能分工实行专业化管理

3. 顺丰速运属于哪一种类型的物流企业？（　　　）

   A. 运输型　　　　B. 仓储型　　　　C. 综合服务型　　　D. 流通加工型

4. 下列属于顺丰速运行政事务管理部门的是（　　　）。

   A. 公共事务本部　　　　　　　　B. 人力资源本部

   C. 资讯科技本部　　　　　　　　D. 运营本部

5. 下列不属于职能制优点的是（　　　）。

   A. 能充分发挥职能机构专业管理的作用

   B. 提供内行领导

   C. 各职能机构都有指挥权

   D. 加强管理工作专业化

## 拓展阅读

### 网络环境下企业物流管理的创新

**一、企业在物流管理领域的现状**

从我国企业的物流管理来看，历经多年发展，在交通运输、仓储设施，以及货物包装和搬运等物流基础设施装备方面取得了不小的进展，但是物流管理创新现状仍然不容乐观。

1. 物流配套设施不完善

从我国企业的物流管理来看，大部分企业的物流配套设施还不完善。各个企业为了抢占市场，只能最大限度地制定自身的物流管理规划，所以不能很好地实现物流基础设施在规划及建设方面的协调性。而且彼此间物流基础设施的配套性及兼容性都比较差，不具备系统功能，存在严重的重复建设现象。

2. 物流信息化程度低

从国内物流企业的信息技术普及与应用来看，其水平普遍不高，没有实现物流信息管理的自动化，也没有充分地实现跨部门、跨行业的信息资源整合与利用。在缺乏政府规划、引导及扶持的背景下，国内物流企业没有充分运用物流领域的相关信息技术。很多企业的物流管理信息系统不完善，只能有限度地运用电子数据交换系统，因而不能很好地形成企业间的物流共享机制。很多企业在运用网络信息技术方面还处在初级水平，这在很大程度上影响了物流管理服务及创新的准确性和及时性。

3. 物流专业化服务水平低，综合集成协调能力差

就当前大多数从事物流服务的企业来讲，它们只能提供较为简单的运输（送货）及仓储服务，还没深入全面地开展流通加工、库存管理、物流信息服务和物流成本控制等诸多物流增值

服务。我国企业也没有进一步拓展物流方案设计和全程物流服务等更高层次的物流服务。这些物流企业没有形成严格规范的内部管理规章及服务规范，不能为客户提供规范化的物流服务，服务质量非常低。

**二、现代企业物流管理技术创新**

1. 物流管理信息化

在管理物流信息时，可以将它们商品化，将所搜集的信息整合成数据库及相应代码，尽可能地运用电子技术及计算机技术来处理物流信息，从而实现物流信息的快速传递。要以现有的信息化物流系统为基础，综合运用条码技术、电子订货系统、快速反应及有效的客户反馈、数据库技术、电子数据交换，以及企业资源计划等技术，不断更新物流管理理念，从而推动物流管理信息化水平的提升。

2. 物流管理自动化

物流自动化的核心就是机电一体化，具体来讲就是无人化、省力化，以及物流作业能力最大化。例如，可以充分使用自动分拣系统、自动存取系统、条码、语音、射频自动识别系统、自动导向车及货物自动跟踪系统等。

3. 物流管理智能化

在物流作业中需要较多的运筹及决策，如决定库存水平、选择运输路线、自动导向车的运行轨迹及作业控制、物流中心经营管理及运行自动分拣系统，都要大量运用技术知识，不断建立健全物流机器人系统及专家系统，从而实现物流管理的智能化。

4. 物流管理绿色化

物流管理绿色化指的是坚持绿色环保理念，充分运用高新技术设备，对绿色商品开展绿色储存、运输及包装的物流运作和物流管理的高新技术。

5. 物流管理技术一体化

在企业物流管理过程中运用科学的物流技术、设备与管理，从而更好地服务于生产经营活动。综合地运用它们实现物流管理技术一体化，最大限度地提升物流管理效果。

**三、现代企业物流管理组织创新**

从物流技术发展来看，不仅需要专业化、知识化的物流人员，而且要求物流组织以信息为中心，不断地集成及创新。这就要求物流新组织结构不仅要具有鲜明的特征，如外形扁平、内聚度高等，还要有过程及功能的系统化特征，以确保系统内部工作有较好的协调性。

1. 以过程为导向，营造适合自我指导的工作环境

在物流管理组织创新过程中不仅要坚持以过程为导向，而且要营造出适合自我指导的工作环境，从而提升物流管理绩效；不断提升生产率，实现组织一体化，从而迅速精确地实现信息分享；运用信息技术来替代组织层次，使之成为物流组织的主体承重结构；不断整合物流管理系统，将组织利益互换设计为"以最小的投入取得最大产出的过程与结构"。

2. 以战略为导向，创新物流管理组织

从物流管理组织来看，务必超越既有的组织机构界限，借助物流自身主客观条件，构建并拓展与供货商及用户的业务合作关系，进一步优化市场、制造过程、分销网络及采购活动之间的联系，从而形成更为强大的联合力量，为顾客提供更高水平、更低成本的服务，并增强本企业的竞争优势。在此基础上，要从相互联系的系统观点来看待物流组织创新，将供需市场的活动全部联系起来，不断地优化功能定位，更好地转到价值增值服务领域。从供应链角度分析，

则要求在物流组织创新的过程中，尽可能地突破组织内部合作，完善外部联合。

3. 坚持虚拟导向，创新物流管理组织

从物流管理组织来看，要从无命令及无控制的组织结构的角度入手，不断整合物流管理利益。也就是说，要将功能分隔的信息协调网络当作事实上的物流管理组织，这样会显得紧凑而有效。从虚拟组织来看，这样要比单纯地构建透明度较高的组织更为广泛，也能够灵活地处理物流管理，从而促进企业未来的物流管理组织创新。

四、结语

从最近几年以申通、韵达为代表的企业物流管理来看，它们虽然很好地适应了网络环境下的物流管理需要，但是和群众日益提高的物流运输需要仍然不能完全匹配。因此，各企业要积极行动起来，不断创新自身的物流管理技术，持续优化物流管理组织，从而更好地促进企业的发展壮大，更好地提升物流管理效率，更好地满足经济社会发展对物流行业的需要。

（资料来源：中国物流与采购网）

# 任务三　规划物流职业生涯

## 温故知新

**一、单项选择题（从每小题给出的四个备选答案中选出一个正确答案，并将所选答案的字母填在括号内）**

1. 职业生涯规划起源于（　　）。
   A. 德国　　　　　B. 美国　　　　　C. 加拿大　　　　D. 法国

2. 一家企业招聘员工，一个应聘者因未被录取而采取极端行为，所幸没有造成不可挽回的后果。不久传来新的消息，原来他是所有应聘者中成绩最好的，是工作人员电脑操作失误，把他的成绩搞错了。该企业向他道歉，此时的他自信满满，认为这家企业一定会录用他。可是没多久又传来新消息，该企业还是不准备录用他。该企业之所以不录用他，主要是因为（　　）。
   A. 该企业更看重应聘者的专业技能素养
   B. 该企业并不重视应聘者的面试或者笔试的成绩
   C. 该企业更重视应聘者的工作经验
   D. 该企业重视应聘者的心理素质

3. 采用SWOT分析法对企业内部环境和外部环境进行综合分析，其中，T代表（　　）。
   A. 优势　　　　　B. 劣势　　　　　C. 机会　　　　　D. 威胁

4. 世界上第一个职业咨询机构是（　　）。
   A. 纽约地方就业局　　　　　　　　B. 波士顿地方就业局
   C. 墨尔本地方就业局　　　　　　　D. 柏林地方就业局

5. 有"职业指导之父"之称的是（　　）。
   A. 舒伯　　　B. 弗兰克·西斯　C. 弗兰克·帕森斯　D. 阿奇萧

6. 下列不属于自我分析的是（　　　）。

　　A. 职业兴趣　　　B. 个人特质　　　C. 职业目标　　　D. 职业价值观

7. 球王贝利说过"我热爱足球，足球是我的生命"。经过数十年刻苦训练，他终于成功了。贝利选择足球作为职业，符合职业生涯目标选择的哪项标准？（　　　）

　　A. 择己所需　　　B. 择己所爱　　　C. 择己所长　　　D. 择己所利

8. 职业生涯规划管理是对计划的（　　　）。

　　A. 实行、组织　　　　　　　　　　B. 指挥

　　C. 协调、控制　　　　　　　　　　D. 实行、组织、指挥、协调和控制

9. 调整职业生涯规划的关键是（　　　）。

　　A. "我为什么做"　　　　　　　　　B. "我做得怎么样"

　　C. 放弃原有规划　　　　　　　　　D. 选择更适合自己的发展方向和发展目标

10. 制定科学有效的职业生涯规划措施的依据是（　　　）。

　　A. 专业　　　　B. 爱好　　　　C. 特长　　　　D. 职业目标

## 二、多项选择题（下列每小题给出的四个选项中，至少有两个选项是符合题目要求的，请将所选答案的字母填在括号内）

1. 下列属于职业分析的有（　　　）。

　　A. 职业兴趣分析　B. 家庭环境分析　C. 学校环境分析　D. 社会环境分析

2. 职业生涯规划的阶段目标应包含的要素有（　　　）。

　　A. 具体的职位、技术等级　　　　　B. 什么时候达到目标

　　C. 该职位对从业者素养的具体要求　D. 达到此目标应有的外部环境

3. 中职生在角色转变过程中应克服的不良心态有（　　　）。

　　A. 对学生角色的依恋　　　　　　　B. 对新环境的畏缩

　　C. 自傲和虚荣　　　　　　　　　　D. 自卑、怯懦、焦虑和浮躁

4. 用 SWOT 分析法对企业的内部环境和外部环境进行综合分析，其中影响企业制定经营发展战略的内部因素有（　　　）。

　　A. 优势　　　　B. 劣势　　　　C. 机会　　　　D. 威胁

5. 项目部工作人员针对公司某物流项目的实施进行 SWOT 分析。下列选项中属于该公司实施此项目的优势的是（　　　）。

　　A. 有利的竞争态势　　　　　　　　B. 良好的企业形象

　　C. 相关政策法律法规支持　　　　　D. 成本优势

## 三、判断题（正确的打"√"，错误的打"×"）

1. SWOT 分析法中"S"代表的是机会。　　　　　　　　　　　　　　　（　　　）

2. 小王从农村来到城市，通过劳动服务公司介绍，成为给居民做家政服务的小时工。小时工也是一种职业。　　　　　　　　　　　　　　　　　　　　　　（　　　）

3. 职业的目的就是挣钱。　　　　　　　　　　　　　　　　　　　　　（　　　）

4. 小刘的理想是挣够了钱去周游世界，这也是他的职业理想。　　　　　（　　　）

5. 职业生涯规划有明确的方向和可操作性，要求目标要明确、阶段要清晰，至于措施则没必要太具体。　　　　　　　　　　　　　　　　　　　　　　　　（　　　）

## 四、填空题

1. 一个完整的职业生涯规划由（　　　　　）、（　　　　　）、（　　　　　）3 个要素构成。

2. 职业定位可以通过 SWOT 分析法确定（　　　　　）、（　　　　　）。

3. SWOT 分析法又称为（　　　　　）。

4. （　　　　　）是决定职业生涯成败最关键的一步。

## 五、简答题

1. 职业生涯规划指的是什么？

2. 职业生涯规划的内容有哪些？

## 六、案例题

### （一）案例分析题

**请阅读案例，并根据案例回答第 1~2 小题。第 1~2 小题均为简答题。**

小刚是我从小到大的朋友，家庭环境一般，学习机械专业，在校专业技能不错，获得过学校技能比赛一等奖，参加过多个社团，善于交际，但做事犹豫。毕业后的每一次见面我都喜欢问他同一个问题——你将来的目标是什么？而我得到的答案各不相同。下面记录的是小刚每次谈及目标的原话。

19 岁，毕业典礼上：我 35 岁前就要当中国首富。

20 岁，春节老同学聚会上：我想成立自己的公司，30 岁前拥有 2000 万元资产。

23 岁，在某市工厂当技术员：我将在 2 年内成为副经理。

25 岁，工厂效益下滑：希望此次裁员名单没有我。

（资料来源：职业生涯梦想：每个人都能自我实现）

1. 请问小刚的优势有哪些？

2. 案例中，小刚的职业生涯规划存在什么问题？

（二）案例选择题

请阅读案例，并根据案例回答第 1～5 小题。第 1～5 小题均为单项选择题。

随着某国出台经济刺激计划，该国金融机构决定放开对中小企业的贷款限制，以进一步扶持中小企业的发展。E 公司是一家生产甲产品的企业，成立的时间不长。在成立初期，为了在市场上取得较好的成绩，E 公司的主要投资人以一个较高的起点设立了这家公司，花巨资购买了一条先进的生产线，并通过给予优厚的待遇招聘到一些资深的研发人员，为他们配备了很好的设备和环境，期望能够在最短的时间内研发出新产品。E 公司的产品质量在市场上处于中上游水平，仅位于一家主要竞争对手之后。产品一经推出即得到市场的认同，销售增长速度很快。由于 E 公司在设备和人员等方面投入的资金巨大，公司的资金较为紧张，而且由于公司是一家新成立的企业，因此管理上还有很多不完善的地方，包括组织结构、规章制度等方面。同时，E 公司也未能在最短的时间内建立起比较完善的销售网络，销售商拖欠货款现象比较突出，以至于制约了公司进一步的发展。E 公司为了制定自身的发展战略，进行了自我分析，分析如下：（1）本行业是资本和技术密集型的行业，新进入者来自国内、国外两个方面，而对国外进入者，国家有一定限制以对本行业进行必要的保护；（2）本公司产品的主要原材料供应商十分集中，采购量在各供应商之间分布较均匀，主要原材料暂无替代品；（3）由于本行业中各企业提供的产品差异性越来越小，因此顾客选择机会较多；（4）由于科技进步加快，市场上已开始出现性能更高的同类产品，只是目前的价格还略高于传统产品。

（资料来源：SWOT 案例分析）

1. SWOT 分析法中的 W 代表（　　　）。
   A. 优势　　　　　B. 机会　　　　　C. 劣势　　　　　D. 威胁
2. 结合案例运用 SWOT 分析法，E 公司的机会是（　　　）。
   A. 国家出台的经济刺激计划　　　　B. 招聘了一些资深的研发人员
   C. 管理不完善　　　　　　　　　　D. 销售网络完善
3. 结合案例运用 SWOT 分析法，E 公司的优势是（　　　）。
   A. 国家出台的经济刺激计划　　　　B. 购买了先进的生产线
   C. 公司资金紧张　　　　　　　　　D. 主要原材料无替代品
4. 结合案例运用 SWOT 分析法，E 公司的劣势是（　　　）。
   A. 国家出台的经济刺激计划　　　　B. 市场上出现性能更高的同类产品
   C. 原材料供应商集中　　　　　　　D. 管理制度不完善
5. 结合案例运用 SWOT 分析法，E 公司的威胁是（　　　）。
   A. 顾客选择机会较多　　　　　　　B. 销售网络不完善
   C. 组织结构设置不合理　　　　　　D. 设备和人员投入资金多

◇◇ **拓展阅读**

### 快递小哥也能评职称了　学历须"跟上"专业得"合拍"

"'快递小哥'也能评职称了，以后给你送快递的也许是个工程师呢！"最近，太原市 38 名"快递小哥"获得快递专业初级职称的消息引发不少市民关注。快递从业人员也能评职称了？如何参评？评上职称对其职业发展有何益处？11月26日，《山西晚报》记者走访多家快递企业了解到，大众理解的"快递小哥"即快递行业一线揽收人员，想要申报职称需要向专业技术方向转型。

**此次申报须是物流相关专业**

说到快递业，很多人的第一印象便是奔波忙碌在一线的快递员。作为快递员，只要能骑电动车、对派送区域熟悉、能及时将包裹送至消费者手中就是一名合格的快递员，为何还需要评定职称来肯定其工作？又有哪些人可以申报快递工程专业职称？

"事实上，今天的快递业早已不是传统的劳动密集型产业。除了活跃在'最后一公里'的派送员，还有很多技术型人才在为快递业的发展做保障。"正在忙着校招的中通快递山西省管理中心人力资源部经理凌海燕说，"11月27日在太原理工大学、28日在山西大学有两场校招，要招聘信息技术类、物流管理类、机械设计类等60多名优秀毕业生加入中通团队中。从这次评职称的条件来看，具有大专及以上学历、物流相关专业的人员才有资格参评，所以中通此次获得初级职称的14名员工均为物流相关专业技术人员。"

这是否意味着，学历、专业不符合要求的一线快递员就没有机会评职称了？凌海燕告诉《山西晚报》记者，只要通过提升学历、转型为快递工程技术人才队伍中的一员，就可以获得职称评审的机会。

**获评职称每月多拿 80 元至 100 元**

"评上职称拿到了证书，感觉社会地位比之前提高了，干劲儿也更足了！"来自山西中通的苗凯兴奋地说。由于学历、岗位、工作年限符合条件，因此公司推荐他申报助理工程师。如今，他顺利拿到职称证、评上助理工程师，不仅每月可以多拿80元至100元的奖金，还对日后的晋升有很大帮助。

1990年出生的苗凯是山西中通运营部副经理，也是山西中通最年轻的中层管理人员。从走街串巷派送每一件包裹，到负责上百个网点的管理，苗凯多次获得公司优秀员工、优秀党员称号。"职称算是对我的肯定，我还打算利用业余时间读个研究生，4年后再申请中级职称直到高级职称！"苗凯满怀信心地说，"公司内部有制度，如果表现得好，就有机会到上海总部工作，待遇肯定也会大大提升。"

2016年入职的王晶，毕业于太原理工大学物流管理专业，如今在山西中通助理室工作。刚毕业时，她的很多同学或选择了其他行业，或改专业考研，大家觉得在物流行业没有发展前途。听到有政策可以支持快递业评职称，她高兴了许久，拿到职称证后还发了朋友圈，很多同学点赞。王晶感慨道，她非常感谢这个新政，新政弥补了物流行业专业技术人员职称评审的空白，提高了自己的工作积极性，也让自己有了更明确的目标。

**快递员掀起学习热**

"听很多网点的负责人说，快递员掀起了学习热潮！"凌海燕告诉《山西晚报》记者，"公司上下的学习氛围很浓，中专生忙着成人高考、本科生忙着考研，大家都想通过学习进一步提升自己，从而获得参评职称的资格。"

11月26日14时许，《山西晚报》记者在太原街头询问了部分一线快递员，不少快递员表示，这次因学历不够无法参评很遗憾。"从公司听说这个事了，但我小时候没有好好学习，没有资格申请。最近正打听怎么报成人高考，拿个学历，干好了说不定还能进管理层！"圆通快递员小李笑嘻嘻地说。

　　"职称评定面向的群体既覆盖物流相关专业的技术岗位,也包含传统意义上的'快递小哥'。"太原市邮政管理局相关负责人表示,"通过职称评定要给予这些普通劳动者更多的职业发展空间,也倒逼传统意义上的'快递小哥'不断地去学习、转型,让快递业从业者得到社会的尊重与认可,同时让快递业摆脱人们眼中'简单重复工作'的刻板印象。"

　　(资料来源:山西晚报)

# 项目二

## 走进现代物流

## 任务一　认识现代物流

### 温故知新

**一、单项选择题（从每小题给出的四个备选答案中选出一个正确答案，并将所选答案的字母填在括号内）**

1. 物品从供应地向接收地的实体流动过程称为（　　　）。
   A. 物流　　　　B. 采购　　　　C. 销售　　　　D. 运输
2. 物流的最终职能是（　　　）。
   A. 增加商品数量　B. 提高商品质量　C. 增加产品附加值　D. 提供综合性服务
3. 保护、管理、贮藏物品的物流活动为（　　　）。
   A. 运输　　　　B. 加工　　　　C. 储存　　　　D. 配送
4. 在流通过程中保护产品、方便储运、促进销售，按照一定技术方法采用的容器、材料及辅助物等的总称为（　　　）。
   A. 装卸　　　　B. 配送　　　　C. 包装　　　　D. 流通加工
5. 物品在指定地点以人力或机械装入运输设备或者卸下的过程称为（　　　）。
   A. 包装　　　　B. 配送　　　　C. 装卸　　　　D. 分拣
6. 根据客户的要求对物品进行拣选、加工、分割、组配等作业，并按时送达指定地点的物流活动称为（　　　）。
   A. 配送　　　　B. 流通　　　　C. 加工　　　　D. 制造
7. 利用集成智能化技术，使物流系统能模仿人的功能，具有感知、学习、推理判断和自行解决物流中某些问题的能力，此物流为（　　　）。
   A. 绿色物流　　B. 第三方物流　C. 生成物流　　D. 智能物流
8. 下列要素中，哪一种要素是维系物流活动得以运行的基本条件？（　　　）
   A. 基础要素　　B. 活动要素　　C. 信息要素　　D. 操作要素
9. 物流概念源自（　　　）。
   A. 改革开放时期　　　　　　B. 第一次世界大战
   C. 工业革命时期　　　　　　D. 第二次世界大战
10. 物流活动中各个环节生成的信息，与物流过程中的运输、存储、装卸、包装等各种职能有机结合在一起，此物流活动要素为（　　　）。
    A. 包装　　　　B. 销售　　　　C. 物流信息　　D. 以上都不是

**二、多项选择题（下列每小题给出的四个选项中，至少有两个选项是符合题目要求的，请将所选答案的字母填在括号内）**

1. 物流活动中，除了包装、流通加工、配送、物流信息等活动，还包括（　　　）。
   A. 运输　　　　B. 储存　　　　C. 装卸　　　　D. 搬运

2. 物流就是指物资的物质实体由供应者到需求者的流动，包括（　　）。

    A. 物资空间位置的变动与时间位置的变动

    B. 物资空间位置的变动与形状性质的变动

    C. 物资时间位置的变动与形状性质的变动

    D. 物资空间位置的变动、时间位置的变动与形状性质的变动

3. 物流概念起源于战争中的军事后勤补给，其目标是（　　）。

    A. 高效率　　　　B. 及时　　　　C. 低成本　　　　D. 准确

4. 现代物流的基础要素包括（　　）。

    A. 人　　　　　　B. 财　　　　　C. 物　　　　　　D. 房

5. 现代物流的发展特点包括（　　）。

    A. 系统化　　　　B. 信息化　　　　C. 智能化　　　　D. 柔性化

## 三、判断题（正确的打"√"，错误的打"×"）

1. 物流不是供应链管理的一部分。　　　　　　　　　　　　　　　　　（　　）

2. 对于世界 500 强零售企业，我们从其企业营收和利润可以看出，交易量非常大，这些创收背后的工作是销售环节完成的。　　　　　　　　　　　　　　　　　（　　）

3. 物流是以满足客户要求为目的，对货物、服务和相关信息在产出地和消费地之间实现高效且经济的正向和反向的流动和储存所进行的计划、执行和控制的过程。（　　）

4. 物流构成要素不包括物流信息活动。　　　　　　　　　　　　　　　（　　）

5. 物流经济活动是社会再生产过程的一个重要方面，物流产业是国民经济的基础产业，是国民经济与其他产业的联系纽带，物流业与百姓生活息息相关。　　　　（　　）

## 四、填空题

1. 现代物流基础要素就是与物流活动有关的"（　　　　　）、（　　　　　）、（　　　　　）"三要素。

2. 现代物流的活动要素包括（　　　　　）、（　　　　　）、（　　　　　）、（　　　　　）、（　　　　　）、（　　　　　）。

3. 现代物流发展趋势特征有（　　　　　）、（　　　　　）、（　　　　　）、（　　　　　）、（　　　　　）。

4. 现代物流的发展特点是（　　　　　）、（　　　　　）、（　　　　　）、（　　　　　）、（　　　　　）、（　　　　　）、（　　　　　）、（　　　　　）。

## 五、简答题

1. 现代物流的构成要素有哪些？

2. 现代物流的发展趋势有哪些？

## 六、案例题

### （一）案例分析题

**请阅读案例，并根据案例回答第 1～2 小题。第 1～2 小题均为简答题。**

刚刚入读某中职物流专业的小明，对物流专业心存一些困惑。老师发现小明的问题后，决定带领全班同学去参观京东物流，以进一步加深同学们对物流的了解。大家来到收发处，发现很多货物在进行运输、装卸、搬运、打包、配送，以及信息处理等活动。

仓库工作人员有序地忙碌着。工作人员利用手动搬运车和高位叉车将货物搬运到包装区域进行打包活动，同时将收到的货物进行仓储上架活动；打包活动完成后，通过手动搬运车或者传输带将货物送到指定的配送区域，在配送的过程中仓库的大屏幕实时显示其信息处理进度；在仓库门口的月台上，几十辆运输车整齐排列，等待货物装车；完成装车之后就直接送达用户。

我们平时经常收到快递或发送快递，原来物流的一系列过程是这样的。通过参观，同学们不但清楚了什么是物流，而且对物流的一些构成要素有了深入了解。

（资料来源：编者自创）

1. 结合案例回答什么是物流。

2. 结合案例，想一想现代物流有哪些构成要素。

### （二）案例选择题

**请阅读案例，并根据案例回答第 1～5 小题。第 1～5 小题均为单项选择题。**

① 广州市某公司与第三方物流开展合作，将公司的仓储、包装、运输、装卸等环节与第三方物流形成一个高效、畅通、可调控的物流系统。该公司不但节约了成本、提高了效率，而且使社会物流与企业物流形成循环的系统。

② 武汉方舱医院中穿梭的机器人起到了强大的后勤保障作用。从电视画面我们可以看到，机器人会自动识别病房给病人送药、送饭，结束后会自动返回，不但效率很高而且能减少交叉感染的风险。

③ 在公路上，我们经常看到整个车身主体采用了深蓝色环绕设计的德邦物流公司的车。近年来，德邦物流公司将供应商、分销商等协调起来，从整个供应链的角度优化与组织物流，最终建立起包括绿色供应、绿色包装、绿色分销、绿色消费的绿色供应链体系，节约了资源，树立了全民绿色意识。德邦物流公司一直用实际行动倡导绿色物流。

④ 广东某家私制造企业除一些主要部件自己生产外，大多外购。生产企业与零售商所需的原材料、中间产品、最终产品大部分由专门的第三方物流企业提供，以实现少库存或零库存，社会化分工越来越细。

（资料来源：编者自创）

1. 案例①体现了现代物流的哪一个特点？（　　　）
   A. 系统化　　　　B. 封闭性　　　　C. 流通型　　　　D. 第四方物流
2. 案例②中的机器人具有什么明显的特点？（　　　）
   A. 笨重化　　　　B. 智能化　　　　C. 运输化　　　　D. 流程化
3. 结合案例③可知，物流公司体现的理念有（　　　）。
   A. 红色化　　　　B. 蓝色化　　　　C. 黑色化　　　　D. 绿色化
4. 案例④体现了物流的什么特点？（　　　）
   A. 网络化　　　　B. 运输化　　　　C. 监管化　　　　D. 社会化
5. 结合本题案例可知，物流发展具备的特点有（　　　）。
   A. 笨重化、监管化、流通化　　　　B. 封闭化、柔性化、机械化
   C. 系统化、智能化、绿色化、社会化　　　　D. 流程化、装卸化、标准化

## 拓展阅读

### 沃尔玛的"第三利润源"

沃尔玛于 20 世纪 60 年代创建，20 世纪 90 年代一跃成为美国第一大零售商。在短短几十年的时间里，沃尔玛的连锁店几乎遍布全世界，并以其优质快捷的服务、惊人的销售利润、先进的管理系统而闻名全球。一家属于传统产业的零售企业，如何能在销售收入上超过"制造之王"的汽车工业，超过世界所有的银行、保险公司等金融机构，超过引领"新经济"的信息企业，已成为各方关注的焦点。那么沃尔玛成功的原因是什么呢？

**一、灵活高效的物流配送系统**

沃尔玛前任总裁大卫·格拉斯这样总结："配送设施是沃尔玛成功的关键之一。如果说我们有什么比别人干得好的话，那就是配送中心。"

1970 年，沃尔玛在公司总部所在地建立起第一个配送中心，集中处理公司所售商品的 40%。随着公司的不断发展壮大，配送中心的数量也不断增加。到现在，沃尔玛已建立 62 个配送中心，为全球提供配送服务。整个公司所售商品的 85% 由这些配送中心供应，而其竞争对手只有约 50%～65% 的商品集中配送。

沃尔玛共有六种形式的配送中心：第一种是"干货"配送中心，主要用于除生鲜食品外的日用商品进货、分装、储存和配送；第二种是食品配送中心，包括不易变质的饮料等食品，以及易变质的生鲜食品等，需要有专门的冷藏仓储和运输设施，直接送货到店；第三种是山姆会员店配送中心，有三分之一的会员是小零售商，配送商品的内容和方式是使用独立的配送中心；第四种是服装配送中心，不是直接送货到店，而是分送到其他配送中心；第五种是进口商品配送中心，为整个公司服务，先大量进口以降低进价，再根据要货情况送往其他配送中心；第六种是退货配送中心，接收店铺因各种原因退回的商品，其中一部分退给供应商，一部分送往折扣商店，一部分就地处理，其收益主要来自出售包装箱的收入和供应商支付的手续费。

**二、信息技术成为核心竞争力**

现在，几乎所有的人都知道沃尔玛在全世界的成功源自其物流模式的成功，然而，是什么支撑了沃尔玛的物流模式，使其配送中心的实践和物流的卓越理念转化为无与伦比的竞争力？答案是物流信息技术。

20 世纪 70 年代，沃尔玛建立了物流管理信息系统，负责处理系统报表，加快了运作速度；1983 年，沃尔玛采用了 POS 机，销售始点数据系统的建立实现了各部门物流信息的同步共享；

1985 年，沃尔玛建立了 EDI，即电子数据交换系统，进行无纸化作业，所有信息全部在电脑上运作；1986 年，沃尔玛又建立了 QR 快速反应机制，快速拉动市场需求。凭借包括物流条码、射频技术和便携式数据终端设备在内的信息技术，沃尔玛得到了长足的发展。

　　沃尔玛第一个在全球实现集团内部 24 小时电脑物流网络化监控，建立全球第一个物流数据处理中心，使采购、库存、订货、配送和销售实现一体化。例如，顾客到沃尔玛店里购物，通过 POS 机打印发票，与此同时，负责生产、采购计划的人和供应商的电脑上就会显示信息。各个环节通过信息及时完成本职工作，从而加快了物流的循环。相对于其他零售商，沃尔玛可提供更高的折扣优惠。同时，沃尔玛也从"薄利多销"的经营理念中获得了可观的经营效益。可以肯定的是，物流并不会像生产企业一样直接创造利润，而是从内部缩减成本，在整体上达到提升利润的目的。沃尔玛的实践充分证明了物流成为继原材料资源、人力资源之后的企业第三利润源。

### 三、细节决定成败——高效物流信息化管理

　　借助信息技术的物流管理系统，不仅降低了供应方的成本，为其生产提供了理性预期，也使得销货方及配送方实现了"零库存"，减少了库存积压，实现了企业收益最大化。沃尔玛的"无缝链接"贯穿于物流循环的全过程，如此优化的系统减少了"牛鞭效应"对市场波动的恶性影响。在追逐利润最大化的征途中，沃尔玛选择了企业自给的物流，完美回应了物流信息化，得到了丰厚的回报。

（资料来源：中国物流与采购网）

## 任务二　知悉现代物流发展

### 温故知新

### 一、单项选择题（从每小题给出的四个备选答案中选出一个正确答案，并将所选答案的字母填在括号内）

1. 国外现代物流的发展经历了几个阶段？（　　　　）
   A. 1　　　　　　　B. 2　　　　　　　C. 3　　　　　　　D. 4
2. 国外现代物流发展的第一阶段开始于（　　　　）。
   A. 20 世纪初期　　B. 20 世纪中期　　C. 20 世纪晚期　　D. 以上都不是
3. 国外现代物流发展的第二阶段开始于（　　　　）。
   A. 20 世纪 60 年代后　　　　　　　　B. 20 世纪 80 年代
   C. 20 世纪 70 年代　　　　　　　　　D. 20 世纪 90 年代
4. 国外现代物流发展的第四阶段开始于（　　　　）。
   A. 20 世纪 60 年代后　　　　　　　　B. 20 世纪 80 年代
   C. 20 世纪 70 年代　　　　　　　　　D. 20 世纪 90 年代
5. 我国现代物流发展的萌芽阶段指（　　　　）。
   A. 20 世纪 60 年代后　　　　　　　　B. 20 世纪 80 年代以前
   C. 20 世纪 80 年代后　　　　　　　　D. 20 世纪 90 年代

6. 20 世纪 80 年代初，我国从下列哪个国家直接引入"物流"的概念？（      ）

　　A. 英国　　　　　B. 德国　　　　　C. 美国　　　　　D. 日本

7. 能够充分体现"共同仓储、共同配送"的服务理念和核心价值的是（      ）。

　　A. 仓配一体化　　B. 电商物流　　　C. 物流运营　　　D. 第三方物流

8. 能够动员全球社会资源共同参与，通过共享技术、服务等，有利于提高物流效率、降低成本，实现物流资源的优化配置，此模式为（      ）。

　　A. 共享物流　　　B. 共享单车　　　C. 共享汽车　　　D. 电商物流

9. 由两种及以上的交通工具相互衔接、转运等共同完成运输过程的复合运输，除了能够降低运输成本，还能在确保包裹质量的同时，使消费者快速收到包裹，此模式为（      ）。

　　A. 多式联运　　　B. 普通物流　　　C. 水路物流　　　D. 物流运输

10. 把原来由企业员工承担的配送工作，转交给企业外的大众群体来完成的物流模式为（      ）。

　　A. 第一方物流　　B. 众包物流　　　C. 第四方物流　　D. 第三方物流

## 二、多项选择题（下列每小题给出的四个选项中，至少有两个选项是符合题目要求的，请将所选答案的字母填在括号内）

1. 我国从国外引入物流的两条途径是（      ）。

　　A. 从英国引入

　　B. 20 世纪 80 年代初随"市场营销"理论的引入而从欧美传入

　　C. 从德国引入

　　D. "Physical Distribution"从欧美国家传入日本，日本人翻译为"物流"，而 20 世纪 80 年代初，我国从日本直接引入"物流"的概念

2. 我国现代物流业的发展趋势有（      ）。

　　A. 仓配一体化　　B. 共享物流　　　C. 多式联运　　　D. 众包物流

3. 多式联运中的运输方式有几种？（      ）

　　A. 一种　　　　　B. 两种　　　　　C. 两种以上　　　D. 以上都不是

4. 实行跨界融合的物流模式的优势体现在（      ）。

　　A. 有利于加强物流基础设施的建设　　B. 实现物流的时效性

　　C. 实现物流的灵活性　　　　　　　　D. 以上都对

5. 众包物流的优势有（      ）。

　　A. 整合社会资源　　　　　　　　　　B. 降低物流配送成本

　　C. 提升消费者的物流体验　　　　　　D. 以上都不是

## 三、判断题（正确的打"√"，错误的打"×"）

1. 国外现代物流发展的第四阶段指的是物流管理的内容从企业内部延伸到企业外部，物流管理的重点已经转移到对物流的战略研究上。　　　　　　　　　　　　　　（      ）

2. 现代物流业和现代供应链是现代化经济体系的重要组成部分，是新时代中国特色社会主义建设的重要支撑，这是我国现代物流快速发展的阶段特点。　　　　　　　　（      ）

3. 多式联运其实就是利用单一的运输方式。　　　　　　　　　　　　　　（      ）

4. 众包物流并不能提升物流的配送效率。　　　　　　　　　　　　　　　（      ）

5. 共享物流可以降低成本，实现资源优化配置。　　　　　　　　　　　　（      ）

## 四、填空题

1. 仓配一体化是为客户提供（　　　　）、（　　　　）、（　　　　）的一站式服务。

2. 多式联运是由（　　　　）上的交通工具相互衔接、转运等共同完成运输过程的复合运输。

3. 我国现代物流发展的萌芽阶段的时间是（　　　　）。

4. 跨界融合可以实现物流的（　　　　）、（　　　　）。

## 五、简答题

1. 我国现代物流业的发展趋势有哪些？

2. 我国现代物流发展经历了哪几个阶段？

## 六、案例题

### （一）案例分析题

**请阅读案例，并根据案例回答第 1～2 小题。第 1～2 小题均为简答题。**

物流专业的小明即将开始学习新课——知悉现代物流发展。上课之前，小明通过预习和利用互联网工具查阅国内外物流发展的状况得知，在 1949—1978 年这段时间，我国实行计划经济体制，生产、运输、仓储、销售等由国家管控，物流发展处于萌芽状态；20 世纪 80 年代我国派学者去日本交流和学习，正式从日本引进了"物流"的概念；20 世纪 90 年代后期，我国物流向现代物流转型；进入 21 世纪，我国物流快速发展。国外，20 世纪初工业化进程在欧美国家加快，20 世纪 60 年代科学技术尤其是管理科学的发展促进了物流的改革与发展，之后物流从产业价值链向物流战略迈进，最终实现了利用现代化的技术和手段使物流发展成一个体系。

（资料来源：编者自创）

1. 结合案例，回答我国现代物流发展经历了哪几个阶段。

2. 结合案例，说一说国外现代物流发展的概况。

## （二）案例选择题

请阅读案例，并根据案例回答第 1～5 小题。第 1～5 小题均为单项选择题。

① 某传统电商企业计划将传统仓储物流向现代物流转型，将公司仓储与配送功能融合，为客户提供仓储、精细加工及配送管理的一站式服务。

② 随着 Uber 和滴滴出行的共享模式向物流行业渗透，人们在淘宝上购物的物流信息有时是菜鸟物流，有时是"四通一达"；人们在京东上的物流信息有时为京东自营物流，有时为第三方物流。不管哪一种模式，这些信息资源都是可以共享的。

③ 深圳某贸易公司要发送一批货物到德国，公司发货部首先联系了第三方物流，将货物通过集装箱陆路运输到深圳蛇口港口，然后通过海上远洋运输到达目的港口，最终送达客户手中。

④ 某品牌鞋业率先采用"互联网+"浪潮的模式。该公司本身是劳动密集型产业，之前很多员工还要承担配送工作，现在该公司采取资本与技术相结合的模式，将一大部分配送工作外包给了企业以外的大众群体，从而使该公司提高了效率、节约了成本。

（资料来源：编者自创）

1. 案例①中，传统仓储物流与现代物流的转型体现在（　　　）。
   A. 仓配一体化　　　B. 客户一体化　　　C. 流通一体化　　　D. 运输一体化
2. 案例②体现了现代物流发展的哪一种趋势？（　　　）
   A. 封闭化　　　　　B. 网络化　　　　　C. 共享物流　　　　D. 绿色物流
3. 案例③中，该贸易公司采用的运输形式为（　　　）。
   A. 陆路运输　　　　B. 海上运输　　　　C. 多式联运　　　　D. 航空运输
4. 案例④体现了现代物流发展的哪一种趋势？（　　　）
   A. 数据化　　　　　B. 众包物流　　　　C. 第四方物流　　　D. 传统物流
5. 结合案例，我国现代物流业的发展趋势有（　　　）。
   A. 陆路运输、远洋运输、内贸运输
   B. 仓配一体化、共享物流、多式联运、众包物流
   C. 系统化、智能化、绿色化
   D. 流程化、装卸化、标准化

## 拓展阅读

### 拥抱黑科技时代，全球物流技术大会即将启幕

首次出现在 2017 年全球物流技术大会的"物流黑科技"概念，随着新一轮物流技术的创新应用，将在第三届全球物流技术大会上上演升级宴。

**一场物流科技盛宴，预见物流的新未来**

"物流黑科技秀场"，将由来自全球物流各领域的知名企业——北斗卫星运控系统、百度、菜鸟 ET 实验室、腾讯、UPS、微软、京东 X 事业部、苏宁云商、华为等，展现各自领域"物流黑科技"场景应用。

**一场物流头脑风暴，贯穿物流全业态**

"运输技术专场"，将围绕多种运输组织模式及新能源物流的相关热点话题展开深度讨论。

目前已邀 G7、OTMS、C.H.罗宾逊公司、上汽大通、熊猫新能源、一汽解放、地上铁、宁德时代等国内外知名企业参与。

"仓储智能化与物流机器人专场"，将由海康威视、威伯科、新松机器人、KUKA、比亚迪叉车、极智嘉、林德等知名企业共同展现仓储智能化技术的发展实力，探讨未来发展新方向。

"绿色包装技术论坛"，将深度热议绿色包装、循环共用带来的一场新革命。由一撕得、招商路凯、日本 JPR、优乐赛、中世国际、苏州良才、沈阳防锈等知名企业共同推进绿色包装的新进程。

"国际物流专场"，将由国外具有先进代表性的企业、机构对物流技术应用现状进行分享。目前已邀请到 UPS、DHL、SAP、欧洲汽车工业协会、美国联合太平洋、日本 MH 协会、日本包装技术协会、日本通运、吉田车辆机器等企业参与演讲。

**一场物流大生态的新融合**

"首届区块供应链高峰论坛"，将从云计算到雾计算、从软实力到硬实力、从"供应链—区块链—生态链"到合链共舞，实现了真正的区块链增量价值。现场聆听来自传化慧联、中国信息通信研究院、腾讯区块链、云链科技、圆通、京东金融等企业真实的案例分析，为参会代表揭开"区块链"的神秘面纱。

"物流生态圈融合发展论坛"，将探索最新物流模式的融合发展，将由传化慧联、安吉智联、怡亚通、前海益链等代表企业做深度阐述。

**一场物流校企合作智库**

"物流科技人才专场"，将邀请国内供应链领域的人才培养机构详述行业人才培养现状，在"互联网+"背景下，分享最新的人才培养、输出模式，共同研讨人工智能时代的物流学科设立及发展方向，为物流智能化发展创造持续有力的支撑。

（资料来源：大众网）

## 任务三　了解物流类型

**一、单项选择题（从每小题给出的四个备选答案中选出一个正确答案，并将所选答案的字母填在括号内）**

1. 在特定的范围内开展的物流活动为（　　）。
   A. 国际物流　　　　B. 国内物流　　　　C. 区域物流　　　　D. 城市物流

2. 为国家的整体利益服务、在国家自己的领土范围内开展的物流活动为（　　）。
   A. 国际物流　　　　B. 国内物流　　　　C. 区域物流　　　　D. 社会物流

3. 在两个或两个以上国家或地区之间进行的物流为（　　）。
   A. 国际物流　　　　B. 国内物流　　　　C. 区域物流　　　　D. 农村物流

4. 从企业的原材料购进入库起，直到企业成品库的产品发送为止的这个过程的物流活动为（　　）。
   A. 生产物流　　　　B. 销售物流　　　　C. 废弃物物流　　　　D. 企业物流

5. 生产企业或流通企业出售商品时，商品在供方与需方之间的实体流动为（　　）。

    A. 生产物流      B. 销售物流      C. 废弃物物流    D. 企业物流

6. 将废旧物资中有再利用价值的部分进行收集、分拣、加工，以使其成为有用的物资重新进入生产或消费领域的物流活动为（　　）。

    A. 生产物流      B. 回收物流      C. 废弃物物流    D. 绿色物流

7. 将废弃物送到指定的地点堆放、掩埋，或将其进行焚烧，对于有放射性或有毒的废弃物还要采取其他特殊的处理方法，与此处理活动所对应的物流活动为（　　）。

    A. 生产物流      B. 回收物流      C. 废弃物物流    D. 绿色物流

8. 同一行业中所有企业的物流为（　　）。

    A. 社会物流      B. 行业物流      C. 企业物流      D. 国际物流

9. 独立于供需双方，为客户提供专项或全面的物流系统设计或系统运营的物流服务模式为（　　）。

    A. 社会物流      B. 第三方物流    C. 企业物流      D. 国际物流

10. 商品流通领域所发生的宏观物流为（　　）。

    A. 国内物流      B. 第三方物流    C. 社会物流      D. 国际物流

## 二、多项选择题（下列每小题给出的四个选项中，至少有两个选项是符合题目要求的，请将所选答案的字母填在括号内）

1. 按照物流活动的地域范围不同，可以将物流分为（　　）。

    A. 区域物流      B. 国内物流      C. 行业物流      D. 国际物流

2. 按照物流活动过程的不同，可以将物流分为（　　）。

    A. 供应物流      B. 生产物流      C. 销售物流      D. 废弃物物流

3. 国际物流是指多少个国家或地区之间的物流？（　　）

    A. 一个      B. 两个以上      C. 两个      D. 以上都不是

4. 按照物流系统的性质不同可以将物流分为（　　）。

    A. 社会物流      B. 行业物流      C. 企业物流      D. 以上都不是

5. 物流活动主要包括（　　）。

    A. 运输      B. 储存      C. 包装      D. 装卸

## 三、判断题（正确的打"√"，错误的打"×"）

1. 社会物流也称为行业物流。（　　）

2. 企业物流是指在企业范围内进行相关物流活动的总称。（　　）

3. 国际物流是指在特定的范围内开展的物流活动，它有着不同的划分原则。（　　）

4. 国内物流是指为国家的整体利益服务、在国家自己的领土范围内开展的物流活动。（　　）

5. 第三方物流也常常被称为外包物流、契约物流、代理物流、合同物流、物流外协、全方位物流服务等。（　　）

## 四、填空题

1. 第三方物流也常常被称为（　　　　）、（　　　　）、（　　　　）、（　　　　）等。

2. 按照物流活动的过程不同，可以将物流分为（　　　　　）、（　　　　　）、（　　　　　）、（　　　　　）、（　　　　　）。

3. 供应物流是指从（　　　　　）、（　　　　　）到（　　　　　）之间的流通。

4. 物流按照活动的地域范围划分可以分为（　　　　　）、（　　　　　）、（　　　　　）。

## 五、简答题

1. 按照物流系统性质不同可以将物流分为哪几类?

2. 简述供应物流、生产物流、销售物流之间的联系。

## 六、案例题

### （一）案例分析题

**请阅读案例，并根据案例回答第 1～2 小题。第 1～2 小题均为简答题。**

广东某小型贸易公司于 2015 年成立，公司前期规模较小，总部在广州天河区，客户基本来自广州、深圳、佛山、珠海、东莞、中山、惠州等地。公司贸易部业务员小明每天负责处理来自以上珠三角城市的客户订单——接到订单安排物流部发货。物流部安排运输车辆在珠三角区域范围内进行物流配送活动。随着公司订单的增加和公司实力的增强，2020 年公司成立了海外市场部，专门负责与海外客户的贸易往来。目前，公司开发了德国、泰国、俄罗斯、英国等国家的客户。随着国外客户的开发，物流运输的范围也发生了变化——从以前的区域物流到后来的国际远洋物流运输。

（资料来源：编者自创）

1. 结合案例回答什么是区域物流。

2. 结合案例回答国际物流有哪些特点。

**（二）案例选择题**

请阅读案例，并根据案例回答第 1～5 小题。第 1～5 小题均为单项选择题。

某大型消防集团公司，拥有上千人的规模，生产消防器材半成品、零部件和成品。

① 消防集团公司收到集团下游某代理商的订单，要求配送消防栓零部件 100 个，请公司做好运输安排。

② 消防集团公司生产车间要生产型号为 550 的消防产品，于是生产部小张利用搬运车到仓库申领一批原材料、半产品、在制品运输到生产车间进行成品的加工和制造。

③ 消防集团公司收到来自某房地产公司的订单，订单要求采购型号为 440 的消防器材及报警装置 100 套。采购部接到订单之后马上安排物流部小李到成品仓库核对在库产品数量，并安排车辆运输到客户手中。

④ 房地产公司在收到消防集团公司的产品后马上安排入库验收。在验收过程中，房地产公司发现有 5 套消防产品螺丝存在松动现象无法顺利安装，于是立即反馈给消防集团公司。经过协调，消防集团公司同意将不合格产品返回。

（资料来源：编者自创）

1. 案例①所描述的物流活动是（    ）。
    A. 传统物流　　　B. 生产物流　　　C. 废弃物物流　　　D. 供应物流
2. 案例②所描述的物流活动是（    ）。
    A. 封闭化　　　B. 回收物流　　　C. 生产物流　　　D. 绿色物流
3. 案例③所描述的物流活动是（    ）。
    A. 销售物流　　　B. 海上运输　　　C. 废弃物物流　　　D. 制造物流
4. 案例④所描述的物流活动是（    ）。
    A. 数据化　　　B. 外包物流　　　C. 回收物流　　　D. 传统物流
5. 结合本题案例可知，物流活动的过程应该包括（    ）。
    A. 供应物流、生产物流、销售物流、回收物流
    B. 仓配一体化、云物流、多式联运、众包物流
    C. 加工物流、制造物流、绿色物流
    D. 销售物流、企业物流、国际物流

### 拓展阅读

**陕西加快构建国际物流大通道　日本成田生鲜"借力"推介**

地处西北地区的陕西加快构建国际物流大通道，日本成田市在陕西西咸新区空港新城举办生鲜品鉴会，双方今后将在鲜活、冷冻海产品进出口业务方面加强合作。

近年来，空港新城加快推进国际航空枢纽建设，打通国际物流大通道，不断优化营商环境，拓展口岸功能，促进人流、物流的汇聚流通。依托自身优势，空港新城与日本的经贸往来逐渐升温。2 月 8 日，日本成田市生鲜鱼类货物空运抵达咸阳机场并迅速清关，标志着空港新城与日本成田市合作开展的生鲜鱼类运输首批试单工作圆满完成。

2 月 9 日举办的日陕文化贸易交流暨日本生鲜品鉴会上，来自西安的十多家日本餐饮企业代表展示了蓝鳍金枪鱼、金目鲷、黄尾狮鱼等冰鲜的花式制作，制作材料全部由日本空运进口。

　　日本成田市副市长吉田昭二表示，成田的生鲜通过空运从空港新城走上陕西民众的餐桌，希望继续加强与空港新城的合作，以生鲜为开端和载体，进一步增进日本与陕西的文化经贸往来。

　　空港新城管委会主任贺键表示，此次举办的日本生鲜品鉴会为开展冷链物流、国际快件等新兴物流业态，构建中日货运航线，建设多元化、国际化的航空物流枢纽积累了宝贵的实践经验。希望以此次活动为契机，吸引更多的日本企业到空港新城投资兴业。

　　日立物流（中国）有限公司正在空港新城打造西北区域基地。日立物流（中国）有限公司总经理嶋洋树表示，日立物流与陕西已经展开战略合作，空港新城有良好的区位优势、高品质的营商环境，日立物流将加强与空港新城的合作，充当日本与陕西文化经贸交流的使者。

　　（资料来源：中国新闻网）

# 项目三
## 体验物流作业

## 任务一 体验运输作业

### 温故知新

**一、单项选择题（从每小题给出的四个备选答案中选出一个正确答案，并将所选答案的字母填在括号内）**

1. 送货属于物流运输中的末端运输、支线运输，一般是指配送中心的（　　）。
   A. 配送环节　　　B. 运输环节　　　C. 送货环节　　　D. 分货环节

2. 运输的主要功能就是产品在哪个链条中来回移动？（　　）
   A. 时间链　　　　B. 空间链　　　　C. 价值链　　　　D. 供应链

3. 托运人一次托运货物计费重量在几吨以上属于整车货物运输？（　　）
   A. 3　　　　　　B. 4　　　　　　C. 5　　　　　　D. 6

4. 由两种及其以上的交通工具相互衔接、转运而共同完成的运输过程统称为复合运输，我国习惯上称之为（　　）。
   A. 联合运输　　　B. 多式联运　　　C. 共同运输　　　D. 多程运输

5. 当一批货物的重量或容积不满一辆货车时，可与其他几批甚至上百批货物共用一辆货车装运，这种运输方式是（　　）。
   A. 整车运输　　　B. 零散运输　　　C. 零担运输　　　D. 整合运输

6. 《中华人民共和国海商法》规定，国内多式联运必须具有的运输方式是（　　）。
   A. 公路运输　　　B. 铁路运输　　　C. 水路运输　　　D. 管道运输

7. 运输距离在300千米以内，采用哪一种运输方式比较经济合理？（　　）
   A. 公路运输　　　B. 铁路运输　　　C. 航空运输　　　D. 水路运输

8. 运输距离在300~500千米，采用哪一种运输方式比较经济合理？（　　）
   A. 公路运输　　　B. 铁路运输　　　C. 航空运输　　　D. 水路运输

9. 运输距离在500千米以上，一般选择（　　）。
   A. 公路运输　　　　　　　　B. 铁路运输
   C. 集装箱运输　　　　　　　D. 水路运输或航空运输

10. 集装箱运输能更好地实现货物（　　）。
    A. 堆场到堆场运输　　　　　B. 码头到码头运输
    C. 船公司到船公司运输　　　D. 门到门运输

**二、多项选择题（下列每小题给出的选项中，至少有两个选项是符合题目要求的，请将所选答案的字母填在括号内）**

1. 运输设备将物品从一个地点向另一个地点运送，其中除了包括中转、装入、卸下和分散等一系列操作，还包括什么操作？（　　）
   A. 集货　　　　　B. 分配　　　　　C. 搬运　　　　　D. 分货

2. 影响运输方式选择的因素有（　　　）。

    A. 货物品种　　　　B. 运输期限　　　　C. 运输成本

    D. 运输距离　　　　E. 运输批量

3. 送货一般是指配送中心的运输环节，属于物流运输中的（　　　）。

    A. 中转运输　　　B. 末端运输　　　C. 干线运输　　　D. 支线运输

4. 运输有哪些功能？（　　　）

    A. 产品运输　　　B. 产品转移　　　C. 产品临时储存　　D. 产品长期储存

5. 按运输设备及工具分类，运输方式可分为（　　　）。

    A. 铁路运输　　　B. 公路运输　　　C. 水路运输

    D. 航空运输　　　E. 管道运输

## 三、判断题（正确的打"√"，错误的打"×"）

1. 公路运输的运输成本最低。　　　　　　　　　　　　　　　　　　（　　）

2. 铁路运输适合长距离运输。　　　　　　　　　　　　　　　　　　（　　）

3. 国际物流最常选择水路运输。　　　　　　　　　　　　　　　　　（　　）

4. 水路运输的运量最小。　　　　　　　　　　　　　　　　　　　　（　　）

5. 航空运输的效率最低。　　　　　　　　　　　　　　　　　　　　（　　）

## 四、填空题

1. 运输方式按运输的路线分为（　　　　　）、（　　　　　）、（　　　　　）、（　　　　　）。

2. 运输方式按运输的作用分为（　　　　　）、（　　　　　）。

3. 运输方式按运输的协作程度分为（　　　　　）、（　　　　　）、（　　　　　）。

4. 运输方式按货物的运营方式分为（　　　　　）、（　　　　　）、（　　　　　）。

## 五、简答题

1. 影响运输方式选择的因素有哪些？

2. 如何正确选择物品的运输方式？

## 六、案例题

### （一）案例分析题

请阅读案例，并根据案例回答第 1～2 小题。第 1～2 小题均为简答题。

铁路运输适合长距离、大批量货物的运输，特别是在 2000 千米以上的长途运输中优势明显。我国国土面积大，冷藏运输产品产销地相隔较远，这为铁路发展冷链物流提供了有利的外部条件。

近年来，铁路部门充分利用现有装备资源和技术，创新研制开发出了 BX1K 型冷藏集装箱专用平车。其最大的特点是车上配备了动力制冷设备，可为随车保温箱提供最低达零下 25℃ 的温度，根据不同货物的保温需要可调节适合温度，在整个运输过程中持续提供制冷保温，达到了长运距、运时快、节能环保等效果，与 B23 型机械保温车组成冷藏集装箱运输车组。2016 年 1 月 3 日，BX1K 型冷藏集装箱专列从烟台火车站开车，途经山东、浙江、河南、湖北、广东、广西 6 省，行程 2797 千米，运时约 89 小时，抵达南宁南站。此后，该专列将从百色东站发往北京大红门站香蕉、蜜饯等果蔬 200 吨，进行回程试运，行程 2808 千米，历时约 96 小时。这是铁路部门首次推出冷藏箱运输，标志着铁路冷链物流的新突破。

（资料来源：BX1K 型冷藏集装箱运输上线试运行）

1. 结合案例，说说铁路运输的特点有哪些。

2. 结合案例，说说 BX1K 型冷藏集装箱专用平车的特点有哪些。

**（二）案例选择题**

**请阅读案例，并根据案例回答第 1～3 小题。第 1～3 小题为不定项选择题。**

沃尔玛是世界上最大的连锁零售企业，沃尔玛有时采用航空运输，有时采用水路运输，还有时采用公路运输……在中国，沃尔玛百分之百地采用公路运输。沃尔玛的车辆都是自有的，司机也是沃尔玛的员工。沃尔玛采用全球定位系统对车辆进行定位，因此在任何时候，调度中心都可以知道这些车辆在什么地方、离商店有多远、还需要多长时间才能运到商店，这种估算可以精确到小时。

（资料来源：沃尔玛公司是世界上最大的商业零售企业）

1. 影响沃尔玛选择运输方式的因素有（　　　）。
   A. 货物品种　　　B. 运输期限　　　C. 运输成本
   D. 运输距离　　　E. 运输批量
2. 沃尔玛可以选择的运输方式有（　　　）。
   A. 公路运输　　　B. 铁路运输　　　C. 航空运输
   D. 水路运输　　　E. 管道运输

3. 沃尔玛在中国选择的运输方式是（    ）。

    A. 公路运输　　　B. 铁路运输　　　C. 航空运输

    D. 水路运输　　　E. 管道运输

## ◈ 拓展阅读

### "物流中国"创新运输组织先行先试 信息驱动 诚信加码 服务优化

作为北京市唯一的无车承运人试点企业，北京数据在线国际供应链管理股份公司（手机 App 为"物流中国"）在试点期间加强货源揽收、提升供应链品质、不断完善信用征信体系、创新运输组织方式，亮点颇多。

**着重货源揽收 创新运输组织方式**

打开"物流中国"手机 App，代表运力位置的大量红色标记慢慢移动着，这时一批从北京到天津武清的 8 吨冷藏货源信息闪现在页面上，不到 3 分钟，就被实际承运人抢单。

北京数据在线国际供应链管理股份公司战略总监崔玮告诉记者，"物流中国"为货主推荐适合的运力服务，为实际承运人寻找合适的货源。"针对某些特定货源，货主与'物流中国'签订无车承运合同后，由'物流中国'提供物流承运服务完成货主委托。在这个过程中，'物流中国'扮演着无车承运人的角色。"崔玮说。

据介绍，"物流中国"在 116 个城市开设了线上产品运营中心，搜集合规运力。与大多无车承运人试点企业不同，"物流中国"不仅关注如何提高运输服务质量，而且更看重货源的揽收、组织能力。据介绍，2016 年，"物流中国"完成合同运输近 110 万吨货物，盈利超 3300 万元。

"我们在全国建设了 48 个集疏仓配中心网络。一般仓储只具备存储、周转货物的功能，而设立在生产企业周边的集疏仓配中心还承担着货物揽收业务。"崔玮介绍。

在实体物流的基础上，为降低运输链条成本、提高运输效率，"物流中国"创新多式联运、甩挂运输、带托运输等运输组织方式。

"2016 年，我们在平谷国际陆港以跟踪追溯和运单调度系统为基础进行了甩挂运输试点工作。进口肉类在平谷国际陆港通关后，系统调度车头将满载肉类的冷厢组合好，并在速冻食品制造商厂房中卸下冷厢后，拉走满载冻品成品的另一组车厢。"崔玮说，"与正常调配车辆相比运输效率提高了 300%。"

多式联运更是北京无车承运人试点的一大特色。据介绍，"物流中国"的平谷集疏仓配中心靠近京平高速，离马坊火车站只有 1 千米，离首都国际机场 30 千米，货物还可根据运输要求在天津港和秦皇岛港走水路。公、铁、水、空联运打造的"口岸+互联网+物流枢纽"新模式，可为货主节约 6% 左右的运费。

据悉，目前"物流中国"线上已覆盖全国超过 100 个城市，京津冀地区市场覆盖率为 80%；线上全国日均交易量超过 70 万单，平均成交时间为 3 分钟，有效降低车辆空载率 23.7%。

**依托信息化 打造供应链闭环**

降低物流成本，除车货匹配外，利用物流信息平台也是重要一环。通过信息平台，"物流中国"增强了协同运作能力，实现与供应链上下游对接，不仅为企业提供运输和仓储服务，还为其提供一体化的供应链服务，做好"交钥匙的工程"。

据介绍,"物流中国"提供了生产系统和 ERP 系统接口服务,从生产到销售过程再到相关运输组织过程,都可以实现实时追溯。在此基础上,"物流中国"为第三方实体物流提供保险、货押、短贷、互助基金等金融服务,基本实现物流、商流、资金流、信息流等环节的供应链闭环。

"在运输阶段,'物流中国'为部分签订无车承运合同的货主提供代垫运费服务。在结算阶段,如果货主有资金需求,那么我们在为货主延长交易时间的同时,可代付运费给实际承运人。此外,'物流中国'平台干线运输投保率已达 86%,包括货运综合险、承运人责任险等。假如在运输过程中发生事故,'物流中国'还将为其做出一定的优先理赔。"崔玮介绍。

据介绍,"物流中国"已经和国内某些快消品生产品牌形成了以销代管的模式。"客户在新建生产基地时,'物流中国'为其提供生产设备报关、原材料采购、生产分拨、销售配送、营销反馈等服务。"崔玮说,"'物流中国'的配送服务已经从生产端延伸到运输链条的末端乃至分销超市。"

通过充分利用以往配送过程中产生的关于品类、频率、需求、库容、消耗等信息数据,"物流中国"为客户节省了大量的物流成本。"比如在某些月份,我们反馈生产方增产 10%的产品,并为其提供货押融资服务。由于预测到未来几个月内将迎来用车成本高峰,我们通过大数据平台调度实载率稍低的车辆送货至前置仓,从而最快地配送到远程客户手里。期间的周转运费、合同运价、客户资金使用、运力利用率、仓储使用率等情况都有良好的改善,同时缓解了淡旺季的运力、仓储等资源不均衡情况。"崔玮介绍。

### 建设征信体系 转化数据价值

信息平台打破了熟人经济的局限性,消除了信息不对称,无缝连接货与车,使"物流中国"整合了覆盖全国的百万级合规车辆。这样的可靠运力如何保障?信用征信体系建设是关键点。

对于在线竞争,如何保证合作客户货源安全?"物流中国"结合内部数据沉淀,并借力外部资源,打造全国无车承运人试点样本。"物流中国"同北京市交通委员会、中国道路运输协会、银行、保险公司等多主体合作,形成征信报告;并通过以往的交易记录、位置和轨迹记录、交易评价等多维度指标,建设基于大数据的信用征信体系,从而为政府决策提供支持。

"通过信用征信体系,我们为京津冀部分合规的运输企业免去了投标保证金,从而使运输企业降低了成本、提高了效率,并以新的数据征信手段控制实际承运人的风险。'物流中国'还在建设物流数据信用银行,并希望将其塑造为一个品牌,形成商业服务。我们希望把沉淀的、真实的数据转换为有生命力和价值的信息,输出给行业和相关单位。"崔玮说。

真实的数据是企业依法纳税的依据,信用征信体系的建设有益于促进无车承运人发展进入正轨。"每一单承运合同完成后,我们都依法为托运人开具增值税发票。结合这些真实数据,无车承运人试点企业拥有 11%的进项抵扣资质。试点启动后,北京市交通委员会与北京国税就物流新模式和对应的税制问题展开积极交涉,但目前的税制对无车承运模式的抵扣等内容没有明确规定。税制风险增加了无车承运人平台发展的后顾之忧,我们希望配合相关部门尽快出台利好细则。"崔玮呼吁。

(资料来源:中国交通新闻网)

# 任务二 体验仓储作业

## 温故知新

**一、单项选择题**（从每小题给出的四个备选答案中选出一个正确答案，并将所选答案的字母填在括号内）

1. 物流中心的货物一般为（　　　）。
   A. 少品种、大批量　　　　　　　　B. 少品种、小批量
   C. 多品种、大批量　　　　　　　　D. 多品种、小批量

2. 仓储的主要功能就是产品在哪个链条中来回移动？（　　　）
   A. 时间链　　　　B. 空间链　　　　C. 价值链　　　　D. 供应链

3. 在仓储过程中对产品进行保护、管理，以防止损坏而丧失价值，体现了仓储的哪个功能？（　　　）
   A. 保管　　　　B. 整合　　　　C. 加工　　　　D. 储存

4. 各企业为了保管本企业的货品而建设的仓库称为（　　　）。
   A. 自有仓库　　B. 营业仓库　　C. 公共仓库　　D. 保税仓库

5. 按照《仓储业管理条例》取得营业许可，用来保管他人货品的仓库为（　　　）。
   A. 自有仓库　　B. 营业仓库　　C. 公共仓库　　D. 保税仓库

6. 国家或公共团队为了公共利益而建设的仓库为（　　　）。
   A. 自有仓库　　B. 营业仓库　　C. 公共仓库　　D. 保税仓库

7. 一般设置在公路、铁路的场站和水路运输的港口码头附近，以方便货物在此等待装运的仓库为（　　　）。
   A. 加工仓库　　B. 中转仓库　　C. 储备仓库　　D. 配送仓库

8. 一般由国家设置的仓库为（　　　）。
   A. 加工仓库　　B. 中转仓库　　C. 储备仓库　　D. 配送仓库

9. 保税制度中应用最广泛的一种仓库形式是（　　　）。
   A. 公共仓库　　B. 保税仓库　　C. 自有仓库　　D. 营业仓库

10. 创造物质的哪一种效用是物流的两大基本职能之一？（　　　）
    A. 空间　　　　B. 时间　　　　C. 价值　　　　D. 所有权

**二、多项选择题**（下列每小题给出的四个选项中，至少有两个选项是符合题目要求的，请将所选答案的字母填在括号内）

1. 仓储是利用仓库及相关设施设备进行物品的（　　　）。
   A. 入库　　　　B. 存储　　　　C. 搬运　　　　D. 出库

2. 仓库根据技术处理方式及保管方式可分为（　　　）。
   A. 普通仓库　　B. 恒温仓库　　C. 危险品仓库　　D. 冷藏仓库

　　3. 根据功能的不同，仓库可分为（　　　　）。

  A. 加工型仓库     B. 中转分货型仓库

  C. 储备仓库      D. 流通仓库

　　4. 仓库根据其用途不同可分为（　　　　）。

  A. 自有仓库      B. 营业仓库

  C. 公共仓库      D. 保税仓库

　　5. 属于根据结构和构造不同分类的仓库类型为（　　　　）。

  A. 平房仓库      B. 多层仓库

  C. 高层货架仓库     D. 地下仓库

## 三、判断题（正确的打"√"，错误的打"×"）

　　1. 仓储是保护、管理、贮藏物品。           （　　）

　　2. 仓库一般由储存物品的库房、运输传送设施、出入库房的输送管道和设备，以及消防设施、管理用房等组成。          （　　）

　　3. 加工仓库一般设置在公路、铁路的场站和水路运输的港口码头附近，以方便货物在此等待装运。          （　　）

　　4. 货物在储备仓库中的储存时间一般比较长。      （　　）

　　5. 现代仓储已处在由保管型向流通型转变的过程之中，即仓储由储存、保管货物的中心向流通、销售中心转变。         （　　）

## 四、填空题

　　1. 仓库按结构和构造可分为（　　　　　）、（　　　　　）、（　　　　　）、（　　　　　）、（　　　　　）。

　　2. 仓储的功能为（　　　　　）、（　　　　　）、（　　　　　）、（　　　　　）。

　　3. 仓库是（　　　　　）、（　　　　　）物品的建筑物和场所的总称。

　　4. 仓库一般由（　　　　　）、（　　　　　）、（　　　　　），以及消防设施、管理用房等组成。

## 五、简答题

　　1. 简述仓储管理的任务。

　　2. 仓储合理化的主要措施有哪些？

## 六、案例题

### （一）案例分析题

**请阅读案例，并根据案例回答第 1～2 小题。第 1～2 小题均为简答题。**

2020 年 2 月 2 日，九州通一经接手，武汉红十字会防疫物资仓库的工作就井然有序地开展起来了。有媒体称："武汉红十字会半个月没搞明白的仓库，九州通接管以后两个小时整完了。"此类报道让不少人产生疑惑。只要对物流、仓储、供应链管理稍加了解的人都知道：入手一个新库，尤其是物资、管理都非常混乱的新库，光是交接就需要一定时间，更别说入库、分拣、打包、装车等各个环节了。据报道，九州通相关人员表示，以九州云仓系统的运行能力来说，货物从进库到发货只要两个小时就可以完成。但这并不等同于说，武汉红十字会的那些物资两个小时就可以处理完。而且，物资的分配及配送不归九州通负责。

（资料来源：九州通"接管"后，武汉红会物资调配之变）

1. 可以从哪几个方面科学合理地管理武汉红十字会防疫物资仓库?

2. 结合案例，阐述红十字会防疫物资的出库作业流程应该是什么。

### （二）案例选择题

**请阅读案例，并根据案例回答第 1～3 小题。第 1～3 小题均为单项选择题。**

日本快时尚巨头优衣库母公司迅销集团宣布与大福物流建立全球战略合作伙伴关系，将在大福物流的帮助下完善物流系统，提高产品交付速度，并将投资 1000 亿日元实现仓储和分销系统的自动化。优衣库在东京的首个全自动化仓库已经正式启用，这也是优衣库第一个机器人仓库。该仓库内的服装检查和分拣工作全由机器人负责。机器人取代了 90% 的人力，并且可以 24 小时不间断运行。完成这样一个自动化仓库改造的成本约需 10 亿日元～100 亿日元。优衣库创始人柳井正表示计划在未来几年内在世界各地的仓库中引入这套系统。

（资料来源：优衣库全球首座机器人仓库，90% 人力被取代！）

1. 优衣库仓库按用途分属于（　　　）。
   A. 自有仓库　　　B. 营业仓库　　　C. 公共仓库　　　D. 保税仓库

2. 优衣库仓库按功能分属于（　　）。
　　A. 生产仓库　　　　B. 集配型仓库　　　C. 加工型仓库　　　D. 流通仓库
3. 优衣库仓库按技术处理方式及保管方式分属于（　　）。
　　A. 普通仓库　　　　B. 冷藏仓库　　　　C. 恒温仓库　　　　D. 危险品仓库

## ◇ 拓展阅读

### 福保赛格案例分析

深圳赛格储运有限公司下属的福保赛格实业有限公司（以下简称"福保赛格"），在深圳市福田保税区拥有 28 000 平方米的保税仓。

福保赛格的主要客户包括日本理光国际通运有限公司、华立船务有限公司、伯灵顿国际物流公司、华润物流等近百家物流企业和分布于珠三角地区的制造企业。福保赛格面向这些企业，提供保税仓的长租和短租服务，并附带从事流通加工等物流增值服务。

福保赛格的在职员工约 40 名，包括 5 名管理人员、10 名叉车工人和搬运工人，另外还有报关员、报检员、客户服务人员、仓库管理员、勤杂人员（包含门卫和设备检修人员）等 20 多人。

福保赛格的盈利模式是以仓库库位出租为核心的物流服务项目的收费。基本收费项目是仓租费；另外还有装车、卸车、并柜/拼箱，对货品进行贴标、缩膜/打板、换包装、简单加工（如分包、重新组合包装、简单装配等），以及代客户进行报关、报检等服务项目的收费。主要支出是人工、水电、仓储物和设备折旧带来的维修维护费用等。

福田保税区的特点在于有通向香港落马洲的进出境通道（一号通道）和通向深圳市区的进出关通道（二号通道）。货物进出境只需向海关备案，而进出关则需要报关。客户可以利用保税区境内关外的政策优势，实现整批进境、分批入关的延迟纳税优惠，或提前退税的好处。

**问题总结与整理**

福保赛格的仓库主要是平面仓，有部分库区采用立体货架；以托盘为基本搬运单元，用叉车（及地牛）进行进出库搬运和库内搬运；一楼是越仓区，有五辆燃气动力的叉车；二楼到十楼为储存区，每层都有一到两台电动叉车（用蓄电池驱动）。有两个大型货运电梯上下；车辆停靠的月台有十多个车位，可以停靠货柜车、箱式车等多种型号的运输车辆。

福保赛格目前仍然是以订单为驱动，以业务为中心进行运作的仓储服务企业，还没有转型为以客户服务为中心。在该公司管理层的推动下，公司全体员工已经树立了全面质量管理的理念，并以 ISO9000 质量管理体系的要求建立了规范化的质量文档体系。但该公司尚未正式申请或通过 ISO9000 质量管理体系认证。

**解决方案**

福保赛格及其母公司赛格储运有限公司在 1999 年开发过一套基于 C/S 体系的管理信息系统，后因结算不准确、系统灵活性差、不能适应业务变化等放弃使用了。自 2002 年年底到 2003 年年底，赛格储运有限公司与赛邦软件合作开发了一套全新的基于 Web 的 B/S 体系的物流管理系统，覆盖了运输业务、仓储业务、财务结算等各个方面，从而实现了客户网上下单，以及网上查询订单处理状态、库存状态、账单明细等，可以做到实时结算和预约结算。

福保赛格面临的最大问题是如何提高资产回报率。保税仓的固定资产超过 8000 万元，而每年的利润却不到 500 万元，与运输业务相比（货柜车辆的固定资产只有 1000 多万元，每年贡献的利润却达到 2000 万元以上），资产回报率太低。提高保税区仓库工作人员士气，努力增强服务意识，注重品质提升；增大物流增值服务的比例，大幅提高仓租费以外的收入来源，争取到更多利润贡献率高的优质客户，淘汰利润率低的 C 类客户等，都是可能的解决途径。

为了使公司能够上台阶，提高保税仓的资产回报率，并在适当的时候通过 ISO9000 质量管理体系认证，福保赛格希望通过内部实现全面质量管理来持续改进自己的管理流程，并通过信息化的手段来辅助管理的开展。

首先，他们希望建立现代的岗位培训制度，建立严谨的教育及培训计划。

然后，通过在部门中持续不断地开展培训和流程监控，消除内部部门之间的隔阂，提升所有员工主动为客户服务的意识，并且消除员工对于管理层的恐惧感，敢于提出自己的观点和看法；逐步取消妨碍基层员工工作顺畅的因素及量化考核指标；并且通过最高层领导的积极参与，在企业内部形成一种全体员工认同的管理文化。

除此之外，对外开发更多的高端客户，树立以客户为中心的意识（强烈关注客户的满意度），提出"要把服务做在客户想到之前"的口号，通过内部的管理流程挖潜和对外客户的优质增值服务来获得新的竞争优势。

（资料来源：外贸论坛）

## 任务三 体验配送作业

### 温故知新

一、单项选择题（从每小题给出的四个备选答案中选出一个正确答案，并将所选答案的字母填在括号内）

1. 杭州娃哈哈集团给市内各饮用水供应点配送饮用水，此种配送形式为（ ）。
   A. 共同配送              B. 定量配送
   C. 定时配送              D. 生产制造企业配送

2. 共同配送的特点是（ ）。
   A. 送货一方实现少量物流配送      B. 收货一方可以统一进行总验货
   C. 适合中小型企业            D. 一车多户，经济送货路线

3. 配送是物流活动的一种综合形式，是"配"与"送"的有机结合，可为客户提供怎样的服务？（ ）
   A. 联合运输      B. 装卸搬运      C. 门到门      D. 专业运输

4. 配送活动的核心是（ ）。
   A. 物流      B. 送货      C. 储运      D. 装卸

5. 在单个客户配送数量不能达到车辆的有效载运负荷时应进行（ ）。
   A. 集货      B. 配货      C. 配装      D. 补货

6. 将同一时间内出货的不同用户的货物组合在同一批次运输车辆进行运送的形式称为（　　　）。

    A. 集货　　　　　B. 配货　　　　　C. 配装　　　　　D. 分类

7. 配送过程中实现空间转换的中心环节是（　　　）。

    A. 配送运输　　　B. 储存　　　　　C. 流通加工　　　D. 装卸搬运

8. 在建设中应规划较大规模的仓储空间和设施，此配送中心的类型是（　　　）。

    A. 储存型　　　　B. 流通型　　　　C. 加工型　　　　D. 专业型

9. 下列有关配送的描述正确的是（　　　）。

    A. 配送的实质就是送货，和一般送货没有区别

    B. 配送要完全遵守"按用户要求"，只有这样才能做到配送的合理化

    C. 配送是物流中的一种特殊的、综合的活动形式，与商流是没有关系的

    D. 配送是"配"和"送"的有机结合，为追求整个配送的优势，分拣、配货两项工作是必不可少的

10. 配送的出发点是（　　　）。

    A. 备货　　　　　B. 用户要求　　　C. 合理性　　　　D. 经济指标

## 二、多项选择题（下列每小题给出的选项中，至少有两个选项是符合题目要求的，请将所选答案的字母填在括号内）

1. 配送按配送商品的种类和数量可分为（　　　）。

    A. 少品种大批量配送　　　　　　　B. 多品种少批量配送

    C. 少品种少批量配送　　　　　　　D. 成套（配套）配送

2. 配送是指在经济合理区域范围内，根据客户的要求，按时将物品送达指定地点的物流活动。这个过程中除了对物品进行分割、组配，还需要进行的作业包括（　　　）。

    A. 拣选　　　　　B. 加工　　　　　C. 包装　　　　　D. 组装

3. 配送按配送时间和数量可分为（　　　）。

    A. 定时配送　　　B. 定量配送　　　C. 定时定量配送

    D. 定时定线配送　E. 即时配送

4. 配送按配送的组织形式可分为（　　　）。

    A. 配送中心配送　　　　　　　　　B. 仓库配送

    C. 生产制造企业配送　　　　　　　D. 定量配送

5. 常用的配送模式有（　　　）。

    A. 自营配送模式　　　　　　　　　B. 第三方配送模式

    C. 共同配送模式　　　　　　　　　D. 即时配送模式

## 三、判断题（正确的打"√"，错误的打"×"）

1. 定时定量配送是企业配送服务努力发展的方向。　　　　　　　　　　（　　　）

2. 即时配送受时间和线路限制，灵活性不强。　　　　　　　　　　　　（　　　）

3. 定时定线配送是一种灵活性很高的应急配送方式，采用这种方式对客户来说可以实现保险储备的零库存，即用即时配送代替保险储备。　　　　　　　　　　（　　　）

4. 自营配送模式是指企业配送的各个环节由企业自筹组建并组织管理，实现对企业内

部及外部配送的模式。　　　　　　　　　　　　　　　　　　　　　　　（　　）

    5. 自营配送模式是指具有配送能力的专业第三方配送企业，利用自身优势，承担配送业务的模式。　　　　　　　　　　　　　　　　　　　　　　　　　　　（　　）

## 四、填空题

    1. 按客户的要求，将客户所需的各种需要量不大的商品配备齐全，拼装成整车后由配送中心送达客户手中，称为（　　　　　　）配送。

    2.（　　　　　　）配送是根据企业的生产要求，将企业生产所需的物资或产品配套部件配齐，按照生产节奏定时送达生产企业，生产企业可随时将此成套零部件送入生产线装配产品的一种配送形式。

    3.（　　　　　　）是指由两个或两个以上有配送业务的企业相互合作，对多个客户共同开展配送活动的形式。

    4.（　　　　　　）配送模式业务活动比较专一，配送成本较低。

## 五、简答题

    1. 如何进行有效合理配送？

    2. 简述自营配送模式的优点和缺点。

## 六、案例题

### （一）案例分析题

**请阅读案例，并根据案例回答第 1～2 小题。第 1～2 小题均为简答题。**

    辉煌物流成立于 2013 年年底，目前拥有自有城市配送车辆 424 辆，配送辐射陕西省 85% 的县级市；现在在租的仓储有近 4 万平方米，在建及筹建的园区面积约 30 万平方米；在编员工近 1000 人；2016 年实现营业额超过亿元。辉煌物流的城市共配模式主要基于线下仓储、运力、系统资源的驱动所形成的城市共配运营平台。这个平台由辉煌物流自主经营管理，各类型的客户只需要对接辉煌物流城市共配运营平台就可以解决仓储、配送，以及其他衍生增值服务需求。

    （资料来源：案例分析：城市配送的运营——以辉煌物流为例）

    1. 结合案例，思考辉煌物流的配送属于什么类型的配送。

2. 结合辉煌物流的城市共配模式，思考什么是共同配送。

## （二）案例选择题

**请阅读案例，并根据案例回答第 1~3 小题。第 1~3 小题为不定项选择题。**

达州乐达物流有限公司拥有自购车辆 20 余台，整合社会车辆 800 余台，拥有现代化仓储面积 10 000 平方米，配送网点覆盖达州市、区、县及各乡镇，是四川省物流办确定的省重点物流联系企业，也是达州市物流办确定的四川省公共物流信息平台示范企业。该公司围绕达州本地城乡配送服务特色，打造了"同城速递""县际速配专线""城乡配送专线"三大服务品牌；配送线路以中心向周边扩散的方式，以达州为一级配送中心，万源、宣汉、开江、渠县、大竹 5 个县为二级配送基地，5 个县的 200 多个乡镇为三级配送网点，共同构建覆盖达州全域的现代化城乡物流配送体系。

（资料来源：重庆百居易电子商务有限公司：乐达供应链物流平台实施方案）

1. 达州乐达物流有限公司提供的配送服务按配送商品的种类和数量可分为（      ）。
   A. 定时配送　　　　　　　　　　 B. 少品种大批量配送
   C. 多品种少批量配送　　　　　　 D. 成套（配套）配送

2. 达州乐达物流有限公司提供的配送服务按配送时间及数量可分为（      ）。
   A. 定时配送　　 B. 定量配送　　 C. 定时定量配送
   D. 定时定线配送　 E. 即时配送

3. 达州乐达物流有限公司提供的配送服务属于（      ）。
   A. 配送中心配送　　　　　　　　 B. 仓库配送
   C. 生产制造企业配送　　　　　　 D. 以上都不是

## ◈ 拓展阅读

### 蔬菜物流配送方案，蔬菜物流需健全流通体系

**一、市场背景**

（1）随着生活水平的提高，人们开始讲求天然产品，这时蔬菜产品有了广阔的市场。

（2）农贸批发大市场，地理位置优越、蔬菜品种较为齐全、蔬菜产品质量较好。

（3）企业要求最好的销售和最大化的利润，而为了使利润最大化，组建一个以蔬菜物流冷链批发式配送为主的农产品配送公司具有很大的市场潜力。

**二、产品分类**

仓储主要以干货、鲜货为主。

**三、蔬菜物流配送中心的组织结构**

1. 信息中心

信息中心指挥和管理着整个配送中心，是配送中心的中枢神经。它的功能是对外负责收集

和汇总各种信息，包括便利店的销售、订货信息，以及与部分供应商联网的信息，并根据这些信息做出相应的决策；对内负责协调、组织各种活动，指挥调度各部门的人员，共同完成配送任务。

2. 仓库

（1）收货区。在这个作业区内，工作人员要完成接收货物的任务和货物入库之前的准备工作，如检验、卸货等工作。

（2）发货区。发货区是工作人员将组配好的货物装车外运的作业区域。

（3）理货区。理货区是工作人员进行拣货和配货作业的场所。

（4）储存区。在这个作业区里分类储存着验收后的货物。

（5）配装区。在配装区内，工作人员要根据每个客户的位置、货物数量进行分放、配车，并确定是单独装运还是混载同运。

（6）加工区。在这个区域内，工作人员对收进的蔬菜进行整理、加工、分拣，如对蔬菜去除老叶、清洗。

### 四、蔬菜物流配送中心的营运流程

蔬菜配送流程分类如下。

（1）保质期较短或对保鲜要求较高的蔬菜。

其流程：订货→收货→配装→送货。

（2）保质期较长的蔬菜（一般在备货后安插储存工序，有时是放在保鲜仓库中储存）。

这类蔬菜的流程与干货的流程差不多。

其流程：订货→收货→储货→配货→配装→送货。

（3）对需要加工的食品。

对需要加工的食品其操作程序如下：大量货物集中到仓库后，先进行初加工，包括将大块的货物分成小块、对货物进行等级划分、配制成半成品等。

其流程：订货→收货→加工（分拣）→储存→配货→配装→送货。

此外，为了提高商品周转速度，提高商品鲜度，有些产品虽然由配货中心向供应商订货，但是供应商不是将商品发给配送中心，而是将商品直接发给各个门店，这是流程最短的一种商品配送方式。

（资料来源：万师傅）

## 任务四 体验信息处理作业

### 温故知新

**一、单项选择题（从每小题给出的四个备选答案中选出一个正确答案，并将所选答案的字母填在括号内）**

1. 多人可以使用同样的信息，这体现了信息的（    ）。

    A. 共享性　　　　B. 存储性　　　　C. 时效性　　　　D. 准确性

2. 信息可以被存储在不同的载体上，这体现了信息的（　　　　）。
    A. 共享性　　　　　B. 存储性　　　　　C. 时效性　　　　　D. 准确性

3. 信息可以进行代码信号的转换，这体现了信息的（　　　　）。
    A. 共享性　　　　　B. 存储性　　　　　C. 时效性　　　　　D. 可加工性

4. 由于各种限制，在市场中交易的双方所掌握的信息是极不相等的，这体现了信息的（　　　　）。
    A. 共享性　　　　　B. 不对称性　　　　C. 时效性　　　　　D. 可加工性

5. 物流活动是多环节、多因素、多角色共同参与的活动，活动中所产生的各种物流信息存在十分密切的联系，这体现了信息的（　　　　）。
    A. 联系性　　　　　B. 种类多　　　　　C. 动态性　　　　　D. 复杂性

6. 下列属于按加工程度的不同进行分类的物流信息的是（　　　　）。
    A. 基础信息　　　　B. 作业信息　　　　C. 原始信息　　　　D. 决策支持信息

7. 原始信息进行各种方式和各个层次处理后的信息为（　　　　）。
    A. 加工信息　　　　B. 基础信息　　　　C. 作业信息　　　　D. 决策支持信息

8. 下列不属于物流信息的特征的是（　　　　）。
    A. 限制物流活动的灵活性　　　　　　B. 信息量大
    C. 更新快　　　　　　　　　　　　　D. 来源多样化

9. 数据处理除了对各种形式的数据进行收集、存储、加工，还要进行（　　　　）。
    A. 共享　　　　　　B. 传播　　　　　　C. 交换　　　　　　D. 分享

10. 下列不属于数据收集工作任务的是（　　　　）。
    A. 数据收集　　　　B. 数据传输　　　　C. 数据校验　　　　D. 数据录入

**二、多项选择题（下列每小题给出的选项中，至少有两个选项是符合题目要求的，请将所选答案的字母填在括号内）**

1. 能够反映物流各种活动内容的物流信息是（　　　　）。
    A. 知识　　　　　　B. 资料　　　　　　C. 图像　　　　　　D. 数据

2. 信息的表现形式有（　　　　）。
    A. 文字　　　　　　B. 数字　　　　　　C. 图形　　　　　　D. 声音

3. 物流信息的特征为（　　　　）。
    A. 信息量大　　　　B. 分布广　　　　　C. 种类多　　　　　D. 简单性

4. 物流信息按功能分类可以分为（　　　　）。
    A. 仓储信息　　　　B. 运输信息　　　　C. 加工信息
    D. 包装信息　　　　E. 装卸信息

5. 物流信息按作用层次分类可以分为（　　　　）。
    A. 基础信息　　　　B. 作业信息　　　　C. 协调控制信息　　D. 决策支持信息

**三、判断题（正确的打"√"，错误的打"×"）**

1. 物流信息是有价值的。　　　　　　　　　　　　　　　　　　　　（　　　）
2. 字符、字母、数字和图形都是信息。　　　　　　　　　　　　　　（　　　）
3. 信息的时效性是信息系统正确决策的基础。　　　　　　　　　　　（　　　）

4. 信息的时效性是相对而言的。 （　　　　）

5. 信息的可传递性是信息的本质特征。 （　　　　）

## 四、填空题

1. （　　　　　　）滞后于数据。

2. 数据是原材料，信息是加工后的有价值的（　　　　　　）。

3. 物流信息的（　　　　　）、（　　　　　）、（　　　　　）已成为主宰现代物流经营活动成败的关键。

4. 物流信息按环节分类可分为（　　　　　）和（　　　　　）。

## 五、简答题

1. 简述物流信息的作用。

2. 简述信息的特征。

## 六、案例题

### （一）案例分析题

**请阅读案例，并根据案例回答第 1～2 小题。第 1～2 小题均为简答题。**

时捷（茶山）物流中心于 2016 年 10 月投入试运行。作为国内零售行业信息化程度和运作效率非常高的大型物流中心之一，时捷（茶山）物流中心配备了先进的自动化物流设备，主要包括：一座有 2 万多个托盘货位的自动立体仓库 ASRS，仓库内的 16 台堆垛机全部采用瑞仕格欧洲进口产品；完善的整箱和拆零拣选系统，配备长达 3000 米的箱式输送线，分拣能力高达每小时 17 000 个纸箱和 6000 个周转箱的高速分拣系统。该物流中心利用物流信息化应用体现在：整件商品的存储和拣选 ASRS 应用系统，能进行整件商品播种和集货，对于拆零商品可进行电子标签拣选。物流中心完成分拣的订单，在 FLUX TMS 的统一调度下，实现车辆管理、路线规划、装车配载、在途跟踪、门店签收和回单管理等全流程的管控。

（资料来源：广东时捷物流有限公司——物流信息化应用优秀案例）

1. 时捷（茶山）物流中心的物流信息化体现在哪些方面？

2. 时捷（茶山）物流中心配备了哪些自动化物流设备？

## （二）案例选择题

请阅读案例，并根据案例回答第 1 ~ 3 小题。第 1 ~ 3 小题均为多项选择题。

信息化贯穿于海尔物流发展的全过程。建立 ERP 系统是海尔物流实现高度信息化的第一步。在成功实施 ERP 系统的基础上，海尔物流除了建立了 SRM、B2B、扫描系统、模具生命周期管理、新品网上流转等信息系统，还搭建了 BBP 采购平台。海尔物流信息化的推广也为条码和 RF 技术在物流的各个环节、各个部门的数据采集和普遍应用做好了准备。目前海尔物流应用最为广泛的条码主要分为 7 种：托盘条码、物料条码、仓位条码、成品条码、操作人员条码、工位条码及设备条码。其中，物料条码相当于物资标签，每个容器外部都有一张物料条码，包含物料号、物料描述、批号、供应商及送货数量等信息；成品条码共计 20 位，包含产品大类、版本号、流通特征、生产特征、序列号等信息。

（资料来源：物流信息技术案例分析）

1. 下列几项不属于物流信息技术的有（        ）。
   A. ERP          B. GPS          C. BBP          D. GIS
2. 海尔物流应用最广泛的条码主要有（        ）。
   A. 托盘条码     B. 物料条码     C. 仓位条码     D. 成品条码
3. 海尔物流的物料条码包含的信息有（        ）。
   A. 物料号       B. 物料描述     C. 批号         D. 供应商

## ◇ 拓展阅读

### 家居物流信息技术领先 居家通获 2016 年国家高新技术企业认定

成都居家通物流有限责任公司获得 2016 年高新技术企业认定，并收到由四川省科学技术厅、四川省财政厅、四川省国家税务局、四川省地方税务局等部门联合下发的"国家高新技术企业证书"。

据了解，成都居家通物流有限责任公司（以下简称"居家通"）成立于 2012 年，是一家针对家居行业物流的特点，专业从事家居全流通领域，包括家居长途物流、仓储、同城配送、上门安装、维修保养等"五包一体化"的全国性家居物流公司。居家通从家具电商起步，选择以"最后一公里"的家装痛点为切入点，布局全国，目前服务覆盖全国 625 个城市，服务范围超过 2200 个区、县，覆盖全国 95% 以上的一级城市和二级城市。

自成立以来，居家通一直很重视信息技术的研发与创新，积累了丰富的产品设计、开发及管理等经验，完成并投入使用 SCM 信息管理系统、大客户端系统、配装居家宝 App 和天猫喵师傅 App 接口等多个信息系统，保证货物信息在整个物流全流程可视化，进一步加深家居物流行业与互联网技术的融合，大力推进家居物流行业的信息化进程。

目前，居家通拥有软件著作权十余项，在国内外具有技术领先地位的建材支装分离师傅端操作系统、多个订单同步导单入单的壹键发系统、居家智享干线快运操作系统等，带动家居物流产业智能化、产业化发展。获得高新技术企业认定，是居家通多年来注重技术创新、产品创新、管理创新，坚持不懈走科技创新之路的结果，是相关部门对居家通高端信息技术的开发能力和自主创新、持续创新能力的肯定，更是家居物流走向科技化道路的一个重要表现。

（资料来源：黔讯网）

## 任务五　体验装卸搬运作业

### 温故知新

**一、单项选择题（从每小题给出的四个备选答案中选出一个正确答案，并将所选答案的字母填在括号内）**

1. 现已成为整个物流的"瓶颈"的物流环节是（　　）。
   A. 配送　　　　B. 运输　　　　C. 送货　　　　D. 装卸搬运

2. 采用各种起重机械从货物上部起吊，依靠起吊装置的垂直移动实现装卸，并在吊车运行的范围内或回转的范围内实现搬运或依靠搬运车辆实现小搬运，这种装卸搬运的方式是（　　）。
   A. 吊上吊下　　B. 叉上叉下　　C. 滚上滚下　　D. 移上移下

3. 采用叉车从货物底部托起货物，并依靠叉车的运动进行货物位移，搬运完全靠叉车本身，货物可不经中途落地直接放置到目的处，这种装卸搬运的方式是（　　）。
   A. 吊上吊下　　B. 叉上叉下　　C. 滚上滚下　　D. 移上移下

4. 利用叉车或半挂车、汽车承载货物，连同车辆一起开上船，到达目的地后再从船上开下，这种装卸搬运的方式是（　　）。
   A. 吊上吊下　　B. 叉上叉下　　C. 滚上滚下　　D. 移上移下

5. 在两车之间进行靠接，然后利用各种方式，不使货物垂直运动，而靠水平移动从一个车辆上推移到另一个车辆上，这种装卸搬运的方式是（　　）。
   A. 吊上吊下　　B. 叉上叉下　　C. 滚上滚下　　D. 移上移下

6. 同种大批量散装或小件杂货通过连续输送机械，连续不断地进行作业，中间无停顿，货间无间隔，这种装卸搬运的方式是（　　）。
   A. 吊上吊下　　B. 叉上叉下　　C. 连续装卸　　D. 间歇装卸

7. 适于包装货物、大件货物、散粒货物采取的装卸搬运方式是（　　）。
   A. 吊上吊下　　B. 叉上叉下　　C. 连续装卸　　D. 间歇装卸

8. 对在装卸作业中的物料进行装卸作业的难易程度，即所谓装卸搬运的（　　）。
   A. 灵活性　　　B. 方便性　　　C. 连续性　　　D. 活动性

9. 把物料和货物的存放状态对装卸搬运作业的难易程度称之为（　　）。

    A. 搬运指数　　　　　　　　　　B. 搬运活性指数

    C. 灵活性指数　　　　　　　　　　D. 存放状态

10. 将颗粒状物资不加小包装而原样装卸，称为（　　）。

    A. 分块处理　　　B. 散装处理　　　C. 集装处理　　　D. 分割处理

## 二、多项选择题（下列每小题给出的四个选项中，至少有两个选项是符合题目要求的，请将所选答案的字母填在括号内）

1. 装卸搬运的特点有（　　）。

    A. 附属性　　　　B. 伴生性　　　　C. 支持性　　　　D. 衔接性

2. 装卸搬运按设备对象分类可分为（　　）。

    A. 仓库装卸　　　B. 铁路装卸　　　C. 港口装卸　　　D. 汽车装卸

3. 装卸搬运按机械分类可分为（　　）。

    A. 吊上吊下方式　　　　　　　　B. 叉上叉下方式

    C. 滚上滚下方式　　　　　　　　D. 移上移下方式

4. 装卸搬运按作业特点分类可分为（　　）。

    A. 连续装卸　　　B. 间歇装卸　　　C. 港口装卸　　　D. 汽车装卸

5. 装卸搬运按搬运对象分类可分为（　　）。

    A. 铁路装卸　　　　　　　　　　B. 散装货物装卸

    C. 单件货物装卸　　　　　　　　D. 集装货物装卸

## 三、判断题（正确的打"√"，错误的打"×"）

1. 搬运是对物品进行垂直移动为主的物流作业。　　　　　　　　（　　）

2. 装卸是改变"物"的存放，支撑状态的活动，主要指物体上下方向的移动。（　　）

3. 吊上吊下方式属于垂直装卸。　　　　　　　　　　　　　　　（　　）

4. 叉上叉下方式属于垂直装卸。　　　　　　　　　　　　　　　（　　）

5. 移上移下方式是对散装物进行装卸。一般从装点直到卸点，中间不再落地，这是集装卸与搬运于一体的装卸方式。　　　　　　　　　　　　　　（　　）

## 四、填空题

1. （　　　　　　　）是物流每一项活动开始及结束时必然发生的活动，因而有时被人忽视，有时被看作其他操作不可缺少的组成部分。

2. 利用叉车或半挂车、汽车承载货物，连同车辆一起开上船，到达目的地后再从船上开下，称为（　　　　　　　）式。

3. 滚上滚下方式需要有专门的船舶，对码头也有不同要求，这种专门的船舶称为（　　　　　　　）。

4. 在两车之间进行靠接，然后利用各种方式，不使货物垂直运动，而靠水平移动从一个车辆上推移到另一个车辆上，称为（　　　　　　　）方式。

## 五、简答题

1. 简述装卸搬运的特点。

2. 如何进行合理化装卸搬运管理?

## 六、案例题

### (一)案例分析题

**请阅读案例,并根据案例回答第 1~2 小题。第 1~2 小题均为简答题。**

联华公司创建于 1991 年 5 月,是上海首家发展连锁经营的商业公司。经过 11 年的发展,联华公司已成为中国最大的连锁商业企业,2001 年销售额突破 140 亿元,连续 3 年位居全国零售业第一。联华公司的快速发展,离不开高效便捷的物流配送中心的大力支持。目前,联华公司共有 4 个配送中心,分别是 2 个常温配送中心、1 个便利物流中心、1 个生鲜加工配送中心,总面积 7 万余平方米。

联华便利物流中心总面积为 8000 平方米,由 4 层楼的复式结构组成。为了实现货物的装卸搬运,配置的主要装卸搬运机械设备为电动叉车 8 辆、手动托盘搬运车 20 辆、垂直升降机 2 台、笼车 1000 辆、辊道输送机 5 条、数字拣选设备 2400 套。先进的装卸搬运系统为联华公司的发展提供了强大的支持,使联华便利物流动作能力和效率大大提高。

(资料来源:联华便利物流)

1. 结合案例,谈谈什么是装卸搬运。

2. 联华便利物流中心配置了哪些装卸搬运机械设备?

## （二）案例选择题

**请阅读案例，并根据案例回答第 1～3 小题。第 1～3 小题为不定项选择题。**

云南双鹤医药有限公司具有规模化的产品生产和网络化的市场销售，但其流通过程中物流管理严重滞后，造成物流成本居高不下，不能形成价格优势。这严重阻碍了物流服务的开拓与发展，成为公司业务发展的"瓶颈"。装卸搬运活动是衔接物流各环节活动正常进行的关键，而云南双鹤医药有限公司却忽视了这一点。由于该公司搬运设备的现代化程度低，只有几个小型货架和手推车，大多数作业仍处于人工作业为主的原始状态，因此工作效率低，且易损坏物品。另外，不合理的仓库设计，造成长距离的搬运；仓库内作业流程混乱，重复搬运，大约有 70% 的无效搬运，而这种过多的搬运次数，不仅损坏了商品，也浪费了时间。

（资料来源：云南双鹤医药企业物流案例分析）

1. 结合案例，总结出装卸搬运的特点有（　　　　）。
   A. 附属性　　　　B. 支持性　　　　C. 保障性　　　　D. 衔接性
2. 云南双鹤医药有限公司的装卸搬运活动属于（　　　　）。
   A. 仓库装卸　　　B. 铁路装卸　　　C. 港口装卸　　　D. 汽车装卸
3. 云南双鹤医药有限公司进行合理化装卸搬运的途径有（　　　　）。
   A. 避免无效装卸　　B. 提高灵活性　　C. 实现省力化
   D. 提高机械化　　　E. 推广组合化

## ◆ 拓展阅读

### 物流公司装卸操作流程及装卸工管理制度

物流公司为保证文明、快速、高效装卸，积极打造一流物流公司形象，决定制定管理制度。

**货物装卸要求**

安全第一，轻拿轻放，堆码稳固，预留通道，横看成行，竖看成列，标签向外，箭头朝上，大不压小，重不压轻，好不压坏，木不压纸，方不压圆，干湿分开。

一、装卸人员入职后必须掌握公司仓库区域划分情况，以及各区域的具体功能作用。

二、仓库货物堆放要求：各个客户的货物间要留有间隙或其他明显标识区分，以防混淆。

三、操作员、装卸人员（含叉车司机）入职后必须掌握仓库内各类搬运和装卸设备的日常维护、正确使用与管理的方法。

四、公司的叉车司机必须能进行叉车日常维护和普通故障的排除；装卸人员必须懂得各类手推车的结构、维护与使用。

五、叉车作业时，一定要有人员在旁指挥与协助，其他人员不得在旁围观，要特别注意人员与货物的安全，不要损坏被装卸的货物和临近的货物，保证货物堆码与摆放整齐、平稳。

六、装卸人员在用各类手推车（老虎车）装货物时不得强行将手推车插入货垛底，原则上要有人从旁协助，以保证货垛底层货物包装的完好性；卸车时不能用抛甩、脚踢的方式使货物快速存放到位。

七、装卸人员入职后要学会在捆绑货物、防雨篷布时绳子打活结的方法。

八、对客户用于送货的车辆，装卸人员要注意车辆的车厢及篷布状况，发现异常情况要及时提醒客户。

九、装卸人员要根据货物的特性、卸车操作员的特别提示，在货物搬运、卸车过程中做好对易碎、易损、贵重、精密货物的保护，如装卸工具上铺垫保护物、轻拿轻放、放置稳固整齐、货物严禁倒置。

十、装卸人员在卸车时要就发现或新发生的货物质量异常情况（如货物、包装变形或破损、泄漏等）立刻报装卸操作员处理。

十一、装卸人员在卸车时将货物按客户进行分类，有批次要求的则要进行货物分批，并将货物放在仓库指定位置，如发现货物数量异常情况要立刻报告经理处理。

十二、装卸人员在卸车过程中要及时用包装袋、胶纸等将包装破损的货物重新包装好。

十三、装卸人员在进行货物卸车的同时要协助卸车操作员做好货物运号标签的检查、粘贴或补贴。

十四、装卸人员在装卸货物时要小心谨慎，轻拿轻放，货物要沿区域线整齐堆放；做到货物横看成行，竖看成列，垛形垂直；大不压小，重不压轻、好不压坏；并按包装箱上标的箭头方向正放，严禁倒置；货运标签朝外，以便于查看。

十五、袋装货物一律成垛堆码，在一般情况下，每垛货物的件数相同，要视货物的重量、耐压强度和高度来确定每垛货物的高度（不准超高码放），以方便拿取和保证人员、货物的安全。

十六、箱装货物，在一般情况下，每垛高矮要一致且件数相同，垛向相同，排列整齐，不可倾斜，排列后余下的零星货物须放置在最显眼处。

十七、圆柱形货物水平放时，货物底部要加放垫板，以防其在装卸时滚动伤人、损物。

十八、杂货零担货要按票数分开，标识朝外且踩码件数一致；行距 0.5 米左右，条形货物要里顺集中堆放，圆柱形货物要竖放成形。

十九、电器类货物一般要按货物包装上堆高提示进行堆码。

二十、卸车操作员一定要监督装卸人员做好特殊类货物（如贵重、精密、易损、易碎和污染性货物）的隔离与保护措施；贵重货物不能长时间放在仓库门附近。

二十一、在客户的货物发生损坏时，原则上每个客户的货物要依其好坏情况分开放置并做相应的识别标识。

二十二、经理要每班安排相应的值班装卸人员协同操作员巡查仓库：仓库卫生情况、货物质量情况、货物摆放情况和货物安全情况，报告检查情况并及时采取相应的措施。

二十三、装卸人员不得踩踏或坐在货物上，也不得将个人物品、仓库内用的各类工具等放在货物上。

二十四、装卸人员在找不到要装车的货物、发现要装车的货物数量异常（或多或少）时，要立刻报告经理处理，否则造成的后果由装卸直接责任人承担。

二十五、装卸人员发现要装车的货物（包装）变形或破损、泄漏等质量异常时，要立刻报告经理处理，否则造成的后果由装卸直接责任人承担。

二十六、装卸人员装车时要将货物摆放平稳、水平方向紧凑（防止货物在行车中的晃动）、重不压轻、按箭头方向正放、易碎易损件在上，整车货物的重心要低，多层货物装车时视情况在每层间加放层板以提高底层货物的整体抗压性能。

二十七、单个或几个大件货物装车时要做好相应的紧固措施，在装小件货物时要用纸皮等缓冲物塞满货物间的空隙，以保证同层货物水平方向紧凑，以防止货物在行车中晃动或倾倒而损坏。

二十八、在装车时，贵重或易损货物要靠车厢里端装车，不能靠门窗，以防外物挂坏、磨损。

二十九、装卸人员在装车时要检查正在装车的货物质量，并做好货物装车时的保护措施。

三十、机械叉车作业时，在旁指挥与协助的人员一定要在叉车的插杆承受货物底部托盘全部宽度时才能让司机升降货物，以防止货物在行车过程中因晃动而掉下；在货物（一般是抗压性能较好，且外包装要求低）没有托盘时，指挥人员要组织装卸人员在旁协助作业，以保证货物及其包装不受损。

三十一、在用叉车装卸多层货物时，叉车行进一定要平稳，必要时要用皮筋将货物稍加紧固。

三十二、叉车、手推车在货物搬运过程中，行车速度要适中而平稳，不得走飞车，要保证人员与货物的安全。

三十三、装卸人员在徒手作业或用其他方式作业时，不得将货物在地面上拖行，不得远距离抛接货物。

三十四、装卸人员在货物装完车后，要协同装车操作员迅速查看仓库，看所要装车的货物是否已经全部装车，不能有遗漏或错装，要特别注意货物的尾数、零散货物是否装车。

三十五、装卸人员在装车操作员确认货物已经全部装车后，要做好车厢的安全封闭措施。

三十六、装卸人员在完成每次货物装卸作业后，及时整理作业现场，将装卸工具、卫生工具归放到指定位置整齐摆放，清扫作业现场，以保持其整洁。

三十七、装卸人员每天上班前做好装卸工具的检查和日常维护，叉车司机要按车辆管理的相关规定进行叉车的操作与维护。

（资料来源：物流沙龙）

## 任务六 体验包装作业

### 温故知新

一、单项选择题（从每小题给出的四个备选答案中选出一个正确答案，并将所选答案的字母填在括号内）

1. 一个商品为一个销售单位的包装形式是（　　）。
   A. 个包装　　　　　B. 中包装　　　　　C. 外包装　　　　　D. 工业包装

2. 若干个单体商品或包装组成一个小的整体包装形式是（　　）。
   A. 个包装　　　　　B. 中包装　　　　　C. 外包装　　　　　D. 工业包装

3. 商品的最外层包装是（　　）。
   A. 个包装　　　　　B. 中包装　　　　　C. 外包装　　　　　D. 工业包装

4. 充填或取出包装的内装物后，容器形状基本不发生变化、材质坚硬或质地坚牢的包装类型是（　　　　）。

    A. 个包装　　　　　B. 硬包装　　　　　C. 半硬包装　　　　D. 工业包装

5. 包装内的充填物或内装物取出后，容器形状会发生变化，且材质较软的包装类型是（　　　　）。

    A. 个包装　　　　　B. 硬包装　　　　　C. 半硬包装　　　　D. 软包装

6. 专供某种或某类商品使用的一种或一系列的包装称为（　　　　）。

    A. 个包装　　　　　B. 专用包装　　　　C. 通用包装　　　　D. 软包装

7. 一种包装能盛装多种商品，被广泛使用的包装容器，此包装类型是（　　　　）。

    A. 个包装　　　　　B. 专用包装　　　　C. 通用包装　　　　D. 软包装

8. 只能使用一次、不再回收复用的包装类型是（　　　　）。

    A. 一次用包装　　　B. 专用包装　　　　C. 通用包装　　　　D. 周转用包装

9. 工厂和商店用于固定周转、多次复用的包装容器称为（　　　　）。

    A. 一次用包装　　　B. 专用包装　　　　C. 通用包装　　　　D. 周转用包装

10. 回收后经适当地加工整理，仍可重复使用的包装类型是（　　　　）。

    A. 一次用包装　　　B. 多次用包装　　　C. 通用包装　　　　D. 周转用包装

## 二、多项选择题（下列每小题给出的四个选项中，至少有两个选项是符合题目要求的，请将所选答案的字母填在括号内）

1. 下列属于包装功能的有（　　　　）。

    A. 保护　　　　　　B. 便利　　　　　　C. 销售　　　　　　D. 分货

2. 按包装的功能分类，包装可分为（　　　　）。

    A. 销售包装　　　　B. 运输包装　　　　C. 个包装　　　　　D. 中包装

3. 按包装的层次分类，包装可分为（　　　　）。

    A. 个包装　　　　　B. 中包装　　　　　C. 外包装　　　　　D. 工业包装

4. 按包装容器的质地分类，包装可分为（　　　　）。

    A. 硬包装　　　　　B. 中包装　　　　　C. 半硬包装　　　　D. 软包装

5. 按包装的使用范围分类，包装可分为（　　　　）。

    A. 专用包装　　　　B. 中包装　　　　　C. 通用包装　　　　D. 软包装

## 三、判断题（正确的打"√"，错误的打"×"）

1. 常用的包装材料有金属、玻璃、木制、纸、塑料，以及复合包装材料。　　（　　　）

2. 运输包装是以促进商品销售为目的的包装。　　　　　　　　　　　　　（　　　）

3. 销售包装以强化运输、保护商品、便于储运为主要目的。　　　　　　　（　　　）

4. 个包装起着直接保护、美化、宣传和促进商品销售的作用。　　　　　　（　　　）

5. 外包装起着保护商品、方便运输、装卸和储存等方面的作用。　　　　　（　　　）

## 四、填空题

1. （　　　　　　　　　）是指为在流通过程中保护产品、方便储运、促进销售，按一定技术方法而采用的容器、材料及辅助物等的总体名称。

2. 包装的便利功能体现在（            ）、（            ）、（            ）。

3. （            ）包装是以促进商品销售为目的的包装。

4. 工业包装又称为（            ）。

## 五、简答题

1. 包装的保护功能体现在哪些方面？

2. 如何进行包装的合理化管理？

## 六、案例题

### （一）案例分析题

**请阅读案例，并根据案例回答第 1～2 小题。第 1～2 小题均为简答题。**

2020 年"双 11"期间，一名"网红"在 11 日凌晨直播时，中途呼吁观众退出直播间，参加"双 11"快递纸箱回收行动，此举引发热议。绿色环保行动成了今年"双 11"的新趋势。面对快递包装带来的环境问题日益凸显，着力破解这一难题已成为各大电商、快递企业的共识。

在淘宝，用户搜索"绿色双 11"，就可以成为"双 11 绿色合伙人"，承诺加入绿色行动。截至 11 月 12 日中午，已有 2000 多万人次加入这一倡议，目前这一数字还在快速增长。

除线上活动外，线下绿色环保行动也在进行。京东相关负责人表示，今年"双 11"期间京东通过仓内作业、循环包装、瘦身胶带、电子运单、绿色回收、绿色运配的应用，共减少超 4 万吨快递垃圾，其中封箱胶带瘦身超过 1860 万米，生鲜循环保温箱使用 140 万次。

在快递"最后一公里"行动中，4 万个菜鸟驿站和 3.5 万个快递网点分类回收利用快递包装，通过"回箱计划"推动快递纸箱分类回收、循环利用。该计划也获得了清华大学等 2000 多所大学的积极响应。在天津师范大学，菜鸟驿站一天就回收超过 6000 个快递纸箱。截至目前，菜鸟绿色回收箱已经覆盖全国 31 个省份，每年预计可以循环再利用上亿个快递纸箱，减少的碳排放相当于种下 74 万棵梭梭树。

（资料来源：菜鸟、京东、小米、苏宁、顺丰绿色包装解决方案大比拼）〕

1. 结合案例，谈谈什么是绿色包装。

2. 结合案例，谈谈推行绿色包装有什么意义。

（二）案例选择题

请阅读案例，并根据案例回答第 1～3 小题。第 1～3 小题均为多项选择题。

随着制造业不景气及利润的持续降低，各个公司对包装采购成本要求越来越严苛。包装材料供应商通常采用偷料等手段来应对持续下降的利润空间，这势必引发产品质量投诉、商务纠纷等一系列问题。

UPP 是一家为客户提出整体包装解决方案的公司，其产品囊括纸、木、塑料缓冲、标签及备件在内的上千种名录，广泛应用于科勒、沃尔沃、富士施乐、伊顿、IBM、MK、香奈儿、雅诗兰黛等客户。可以说，只要企业用得到的包装制品，UPP 都可以通过其近 20 年的强大供应链提供给客户，且物美价廉。

（资料来源：运输包装"网红"）

1. UPP 的包装按功能可分为（　　）。
    A. 销售包装　　　　B. 运输包装　　　　C. 硬包装　　　　D. 软包装
2. UPP 的包装按容器的质地可分为（　　）。
    A. 半硬包装　　　　B. 运输包装　　　　C. 硬包装　　　　D. 软包装
3. UPP 的包装按使用的次数可分为（　　）。
    A. 一次用包装　　　B. 多次用包装　　　C. 周转用包装　　　D. 软包装

## 拓展阅读

### 苏宁践行并倡导推进绿色包装 快递包装探索共享循环利用

国家邮政局发布的最新数据显示，2017 年我国快递业务量为 401 亿件，同比增长 28%，连续 4 年高居世界第一。按业内每个快递包装 0.2 千克的标准计算，一年产生超过 800 万吨的"天量"固态垃圾。

随着电子商务迅猛发展，快递包装、外卖包装大量使用，废弃物污染成为社会关注的问题。在尚未建立全面回收系统的情况下，快递包装的循环利用率很低，垃圾泛滥、资源损耗和环境污染等问题愈发凸显。对此，苏宁控股集团董事长张近东建议，应尽快完善法规标准，大力推进快递业绿色包装行动。

#### 10 年前的标准已经滞后

近期，国家陆续出台的《推进快递业绿色包装工作实施方案》《关于协同推进快递业绿色包装工作的指导意见》，对快递业绿色包装及垃圾回收具有指导意义。"在具体操作层面，快递业绿色包装及垃圾回收的很多环节仍然存在空白，相关条例和规章急需更新。"张近东说。以快递废弃物回收为例，除对快递运单的保管、存放与回收（销毁）有明确规定外，针对快递包装的其他部分只能参照 2008 年出台的标准，而 10 年前的标准已经滞后，需要有针对性地重新制定。

"应尽快完善快递业绿色包装的相关标准及法律法规，提高实用性和操作性；制定专项扶持政策和激励机制，鼓励企业自主探索各类绿色解决方案；同时加强国民绿色意识，大力倡导绿色的生活方式，提升全民环保共识和觉悟。"张近东说。

2018 年 2 月，我国《快递暂行条例（草案）》获得通过。这是快递业首次行政法规立法。该条例为快递业建立了绿色生产消费的制度导向。张近东建议，尽快制定快递业绿色包装和过度包装国家标准，明确快递业绿色包装使用率和回收率标准，制定快递运输环节服务标准，明确流通环节快递包装的损毁率，提高二次使用率，构建快递业包装废弃物回收体系，明确安全性、环保性、可靠性、可追溯性等要求及技术标准，建立非环保包装的退出机制，逐步实现快递包装全面绿色化。

#### 快递包装提倡循环共享

2016 年 6 月，菜鸟网络联合苏宁物流、"四通一达"等 32 家企业，启动绿色行动计划，从快递包装、配送、回收等环节减少碳排放和环境污染。

2017 年 4 月，苏宁物流率先启动漂流箱计划，首次推出可循环利用的共享快递盒，以替代普通纸箱。

2017 年 12 月，苏宁物流推出 2.0 版共享快递盒，首批在北京、杭州两地投放 5 万个。这种快递盒仅重 50 克，却更加坚固耐用且抗震防摔。2018 年，苏宁物流计划整体投放 20 万个。另外，苏宁物流的另一款绿色环保产品——零胶纸箱已于去年年底面世，并投入使用。

可以看出，2016 年以来，电商、物流企业虽然推出了共享快递盒、循环包装袋等，但远远满足不了实际需求。因此，制定专项扶持政策和激励机制，大力鼓励企业自主创新，探索丰富多样的绿色包装解决方案大有必要。张近东建议，可有针对性地采取财政补贴、税收优惠、行政协调、荣誉助推、信用奖惩等多种手段，多措并举，综合施治。

#### 鼓励包装回收及绿色包装

绿色包装目标的实现，最终还得依靠每个人的自觉行动。政府和企业都要加大绿色包装的宣导，通过激励机制，鼓励用户参与快递包装回收及绿色包装的使用，不断提升绿色意识。

张近东表示，在正面传播的同时，建议辅以市场手段加速推进。"一个可借鉴的示例是超市有偿环保塑料袋的推出。"他说，"收费只是手段，消费者可以选择买或者不买，目的是不断强化消费者的环保意识。可以尝试面向快递市场全面推广有偿绿色包装，确定好定价机制，一方面可促进绿色包装的循环使用，减少废弃物的产生，另一方面是通过这样的方式促进社会环保意识的树立。"

（资料来源：人民日报）

# 任务七 体验流通加工作业

## 温故知新

### 一、单项选择题（从每小题给出的四个备选答案中选出一个正确答案，并将所选答案的字母填在括号内）

1. 关于流通加工理解正确的是（　　）。
   A. 流通加工的对象是不进入流通过程的商品，不具有商品的属性，因此流通加工的对象不是最终产品，而是原材料、零配件、半成品
   B. 一般来讲，如果必须进行复杂加工才能形成人们所需的商品，那么，这种复杂加工应专设生产加工过程，而流通加工大多是简单加工，而不是复杂加工，因此流通加工可以是生产加工的取消或代替
   C. 从价值观点看，生产加工的目的在于创造价值及使用价值，而流通加工则在于完善使用价值并在不做大改变的情况下提高价值
   D. 流通加工的组织者是从事流通加工工作的人，能密切结合流通的需要进行这种加工活动，从加工单位来看，流通加工与生产加工都由生产企业完成

2. 根据流通加工的定义，下列属于流通加工的是（　　）。
   A. 某工厂采购布匹、纽扣等材料，加工成时装并在市场上销售
   B. 某运输公司在冷藏车皮中保存水果，使之在运到目的地时保持新鲜
   C. 杂货店将买的西红柿按重量分成每斤 1 元和每斤 2 元两个档次销售
   D. 将马铃薯通过洗涤、破碎、筛理等工艺加工成淀粉

3. 将木材加工成各种长度及大小的板的流通加工方式是（　　）。
   A. 生产　　　　　　B. 来样　　　　　　C. 来料　　　　　　D. 流通

4. 下列四个选项中，不属于实现流通加工的合理化的是（　　）。
   A. 流通加工和配套结合　　　　　　B. 流通加工和配送分离
   C. 流通加工和合理运输结合　　　　D. 流通加工和合理商流结合

5. 在上架之前，超市对各类肉末、鸡翅、香肠等进行加工，如清洗、贴条码、包装等，这属于（　　）。
   A. 冷冻加工　　　B. 流通加工　　　C. 精致加工　　　D. 分装加工

6. 流通加工由谁完成？（　　）
   A. 生产企业　　　B. 流通企业　　　C. 制造厂　　　　D. 生产车间

7. 流通加工的对象是（　　）。
   A. 原材料　　　　　　　　　　　　B. 零部件
   C. 半成品　　　　　　　　　　　　D. 进入流通过程的商品

8. 下列不属于流通加工内容的有（　　）。
   A. 电视机的生产　　　　　　　　　B. 防潮加工

C. 石油气的液化加工　　　　　　　D. 平板玻璃的开片加工

9. 水产品、肉类、蛋类的保鲜、保质的冷冻加工、防腐加工等属于（　　　）。

A. 为方便消费、省力的流通加工

B. 为保护产品所进行的流通加工

C. 为弥补生产领域加工不足的深加工

D. 为促进销售的流通加工

10. 自行车在消费地区的装配加工属于（　　　）。

A. 为促进销售的流通加工

B. 为提高加工效率的流通加工

C. 为方便消费、省力的流通加工

D. 为提高物流效率、降低物流损失的流通加工

## 二、多项选择题（下列每小题给出的四个选项中，至少有两个选项是符合题目要求的，请将所选答案的字母填在括号内）

1. 流通加工过程包括（　　　）。

A. 形成产品零配件、半成品的过程

B. 产品的辅助性补充加工的过程

C. 创造价值和使用价值的过程

D. 完善产品使用价值并提高附加价值的过程

2. 关于流通加工的理解，不正确的是（　　　）。

A. 流通加工可以是对生产加工的取消或代替

B. 流通加工的目的在于完善其使用价值并在不做大改变的情况下提高价值

C. 从加工单位来看，流通加工与生产加工都由生产企业完成

D. 流通加工具有生产制造活动的一般性质

3. 实现流通加工合理化主要考虑下列哪几个方面？（　　　）

A. 流通加工和配套结合　　　　　　B. 流通加工和配送结合

C. 流通加工和合理商流相结合　　　D. 流通加工和合理运输结合

4. 不合理流通加工的主要形式有（　　　）。

A. 流通加工作用不大，形成多余环节　B. 流通加工成本过高，效益不好

C. 流通加工地点设置不合理　　　　D. 流通加工方式选择不当

5. 下列属于流通加工内容的有（　　　）。

A. 分拆包装　　　　　　　　　　　B. 防虫加工

C. 汽车生产　　　　　　　　　　　D. 木材改制

## 三、判断题（正确的打"√"，错误的打"×"）

1. 流通加工是一项可以提高服务品质、增加附加价值的作业。　　　　（　　　）

2. 流通加工不是对生产加工的代替，而是一种补充和完善。　　　　　（　　　）

3. 流通加工大多数是简单加工，而不是复杂加工。　　　　　　　　　（　　　）

4. 流通加工是为了消费（或再生产）所进行的加工，但有时候也以自身流通为目的，纯粹是为流通创造条件。　　　　　　　　　　　　　　　　　　　　（　　　）

5. 水产品、肉类、蛋类的保鲜、保质的冷冻加工、防腐加工等是为了方便消费、省力
而进行的流通加工。　　　　　　　　　　　　　　　　　　　　　　　　　（　　　）

## 四、填空题

1. （　　　　　　　）是物品从生产地到使用地的过程中，根据需要施加包装、分割、计量、分拣、刷标志、拴标签、组装等简单作业的总称。

2. 从价值观点看，（　　　　　　）的目的在于创造价值及使用价值，而（　　　　　）的目的则在于完善其使用价值。

3. 对于流通加工合理化的最终判断，是看其是否能实现社会和企业本身这两方面的效益，而且是否取得了（　　　　　　　）。

4. 平板玻璃按需要规格的开片加工，以及将木材改制成枕木、板材、方材等的加工属于（　　　　　　）。

## 五、简答题

1. 简述流通加工的作用。

2. 如何进行合理化流通加工？

## 六、案例题

### （一）案例分析题

**请阅读案例，并根据案例回答第 1～2 小题。第 1～2 小题均为简答题。**

食品的流通加工的类型很多。我们只要留意超市里的货柜就可以看出，那里摆放的各类洗净的蔬菜、水果、鸡翅、香肠、咸菜等都是流通加工的结果。这些商品在摆进货柜之前就已进行了分类、清洗、贴商标和条码、包装、装袋等加工作业。这些流通加工已经脱离了生产领域，而是进入了流通领域。食品流通加工的具体项目主要有如下几种：冷冻加工、分选加工、精制加工、分装加工。

（资料来源：食品的流通加工）

1. 结合案例，解释什么是流通加工。

2. 结合案例，思考流通加工的作用是什么。

## （二）案例选择题

**请阅读案例，并根据案例回答第 1～3 小题。第 1～3 小题为不定项选择题。**

澳牛的流通加工：将刚挤出来的牛奶进行巴氏消毒；采用利乐砖或者利乐枕等无菌包装；对牛奶进行超高温灭菌且不添加任何防腐剂，因为六层复合包装可以完全隔绝导致牛奶变质的光线、水分、微生物等因素，接着进行无菌包装；为提高牛奶的附加利润将牛奶加工出不同功能（如针对婴儿、老人等加工成奶酪、奶片等）；为了方便配送将牛奶进行浓缩加工甚至冷冻。

（资料来源：牛奶流通加工）

1. 澳牛流通加工主要是为了促进与方便牛奶的（　　　）。
   A. 流通　　　　　　　　　　　　　B. 增值
   C. 流通与销售　　　　　　　　　　D. 提高物流效率
2. 下列作业属于流通加工的是（　　　）。
   A. 包装　　　　　　　　　　　　　B. 分割
   C. 计量　　　　　　　　　　　　　D. 分拣
3. 流通加工的类型有（　　　）。
   A. 为方便消费、省力的流通加工
   B. 为促进销售的流通加工
   C. 为提高物流效率、降低物流损失的流通加工
   D. 为实施配送进行的流通加工

## ◇ 拓展阅读

### 绿色流通加工概述

绿色物流的三个子范畴是指绿色运输、绿色包装及绿色流通加工。

绿色包装发源于 1987 年世界环境与发展委员会发表的《我们共同的未来》，到 1992 年 6 月联合国环境与发展大会通过了《里约环境与发展宣言》《21 世纪议程》，随即在全世界范围内掀起了一个以保护生态环境为核心的绿色浪潮。

#### 一、绿色包装的概念

绿色包装，有人称其为环境之友包装或生态包装。绿色包装应是对生态环境和人体健康无害、能循环复用和再生利用、可促进国民经济持续发展的包装。也就是说，包装产品从原材料选择，以及产品制造、使用、回收和废弃的整个过程均应符合生态环境保护的要求。它包括了节省资源、能源，避免废弃物产生，易回收及再循环利用，可焚烧或降解等生态环境保护要求的内容。绿色包装的内容随着科技的进步和包装的发展还将有新的内涵。

绿色包装一般应具有以下五个方面的内涵。

1. 实行包装减量化（Reduce）。包装在满足保护、方便、销售等功能的条件下，应用量最少。

2. 包装应易于重复利用（Reuse），或易于回收再生（Recycle）。通过生产再生制品、焚烧利用热能、堆肥化改善土壤等措施，达到再利用的目的。

3. 包装废弃物可以降解腐化（Degradable）。其最终不形成永久垃圾，并达到改良土壤的目的。Reduce、Reuse、Recycle 和 Degradable 即当今世界公认的发展绿色包装的 3R1D 原则。

4. 包装材料对人体和生物应无毒无害。包装材料中不应含有有毒性的元素、病菌、重金属，或这些物质的含有量应控制在有关标准以下。

5. 包装制品从原材料采集、材料加工、制造产品、产品使用、废弃物回收再生，直到其最终处理的生命全过程均不应对人体及环境造成危害。

**二、绿色包装的手段**

绿色包装的主要手段如下。

1. 从用材方面入手的可采用的主要手段有使用可降解塑料、纸制品包装、玻璃和竹包装等。

2. 从可重复使用、再生、可食、可降解方面入手。

（资料来源：物流大讲堂）

# 项目四

## 认识企业物流

## 任务一 走进企业物流

### 温故知新

**一、单项选择题（从每小题给出的四个备选答案中选出一个正确答案，并将所选答案的字母填在括号内）**

1. 生产和流通企业围绕其经营活动所发生的物流活动是指（　　）。
   A. 物流企业　　　　B. 企业物流　　　　C. 第三方物流　　　D. 社会物流

2. 从购进生产所需要的原材料、设备开始，经过加工形成新的产品，然后供应给市场的全过程称为（　　）。
   A. 生产企业物流　　　　　　　　B. 流通企业物流
   C. 销售企业物流　　　　　　　　D. 批发企业物流

3. 从事商品流通的企业和专门从事实物流通的企业的物流，即（　　）。
   A. 生产企业物流　　　　　　　　B. 流通企业物流
   C. 销售企业物流　　　　　　　　D. 批发企业物流

4. 现代企业物流创新的原动力是（　　）。
   A. 物流成本　　　　B. 投资效益　　　　C. 客户服务　　　D. 市场反应

5. 现代企业物流系统必须满足下列哪方与企业战略目标的需要？（　　）
   A. 供应商　　　　B. 批发商　　　　C. 零售商　　　D. 客户

6. 流通企业物流包括几种形式？（　　）
   A. 1种　　　　B. 2种　　　　C. 3种　　　D. 4种

7. 下列哪一种物流的流畅与否直接关系到生产效益的高低？（　　）
   A. 生产物流　　　　B. 销售物流　　　　C. 回收物流　　　D. 废弃物物流

8. 企业物流是以什么为目标和驱动力的？（　　）
   A. 企业效益　　　　B. 客户服务　　　　C. 客服忠诚度　　　D. 客户满意度

9. 下列哪个不是6R的原则？（　　）
   A. 恰当的时间　　　B. 恰当的质量　　　C. 恰当的产品　　　D. 恰当的客户

10. 下列哪个选项是恰当的客户的英文全称？（　　）
    A. Right Time　　　　　　　　　B. Right Cost
    C. Right Customer　　　　　　　D. Right Quantity

**二、多项选择题（下列每小题给出的四个选项中，至少有两个选项是符合题目要求的，请将所选答案的字母填在括号内）**

1. 企业物流根据企业性质的不同可以分为哪两大类？（　　）
   A. 生产企业物流　　　　　　　　B. 流通企业物流
   C. 销售企业物流　　　　　　　　D. 批发企业物流

2. 现代企业物流系统包含哪几个方面？（　　　）

    A. 经济　　　　　　B. 效率　　　　　　C. 合理　　　　　　D. 效益

3. 企业系统活动的基本结构包括下列哪几个方面？（　　　）

    A. 投入　　　　　　B. 转换　　　　　　C. 产出　　　　　　D. 回收

4. 生产企业物流流动的过程大体为（　　　）。

    A. 原材料采购供应阶段　　　　　　B. 设备采购供应阶段

    C. 生产物流　　　　　　　　　　　D. 销售物流

5. 流通企业物流主要包括（　　　）。

    A. 采购物流　　　　　　　　　　　B. 流通企业内部物流

    C. 生产物流　　　　　　　　　　　D. 销售物流

## 三、判断题（正确的打"√"，错误的打"×"）

1. 企业物流是货主企业在生产经营活动中所产生的物流活动。（　　　）

2. 生产企业物流过程贯穿于生产的全过程，是生产系统的静态表现，它的流畅与否直接关系生产效益的高低。（　　　）

3. 流通企业物流可以分为采购物流、流通企业内部物流和销售物流三种形式。（　　　）

4. 在恰当的时间、恰当的地点，以恰当的成本，得到恰当的质量的恰当的产品，并提供给恰当的客户，这就是 6R。（　　　）

5. 现代企业物流要平衡成本与客户服务水平、企业长期效益的关系，以及选择合适的物流策略来获取市场竞争优势。（　　　）

## 四、填空题

1. Enterprise Logistics 的中文是（　　　）。

2. 根据企业性质的不同，企业物流分为（　　　）和（　　　）。

3. 现代企业物流系统的最终目的是满足（　　　）与（　　　）的需要。

4. （　　　）是流通企业将物资转移到客户手中的物流活动。

## 五、简答题

1. 什么是企业物流？

2. 企业物流有哪些特征？

## 六、案例题

### （一）案例分析题

**请阅读案例，并根据案例回答第1～3小题。第1～3小题均为简答题。**

竞争优势理论指出：在当前这样一个竞争环境中，企业要获得竞争优势，必须从企业与环境特点出发，培育自己的核心竞争力。现代管理强调把主要精力放在企业的关键业务（核心竞争力）上，充分发挥其优势，同时与全球范围内的合适企业建立战略合作关系，企业中非核心业务由合作企业完成，即"业务外包"。

企业通过业务外包可以获得比单纯利用自有资源进行自营更多的竞争优势。企业在集中资源于自身的核心业务的同时，通过利用其他企业的资源来弥补自身的不足，从而变得更具有竞争优势。

一般来说，生产企业的关键业务并不是物流业务，并且物流业务也不是生产企业的专长。将物流作为核心业务的物流企业，具有非常丰富的物流运作经验，且管理水平也非常高。而新兴的第三方物流企业由于其从事多项物流项目的运作，可以整合各项物流资源，使得物流的运作成本相对较低，物流作业更加高效。生产企业将物流业务剥离出来交给第三方物流企业来做，便可以集中精力开展主流业务、发挥竞争优势，这就是所谓的"物流外包"。

（资料来源：【物流研究】自营物流和外包物流的区别分析）

1. 结合案例，说说物流管理模式有哪些种类。

2. 案例中提到的"物流外包"指的是什么？

3. 结合案例，谈谈生产企业采用物流外包有哪些好处。

### （二）案例选择题

**请阅读案例，并根据案例回答第1～3小题。第1～3小题均为单项选择题。**

近日，中国物流与采购联合会（简称"中物联"）开展了"新冠肺炎疫情对医药物流行业的影响"的专题调研。调研结果如下。

（1）复工时间。调研数据显示，约70%的企业已于2月13日之前复工；8%左右的企业在 2 月中下旬复工；约 13.33%的企业预计 3 月份以后复工；除此之外，还有 8.33%左右的企业没有明确复工时间。

（2）企业参与的主要抗疫工作。从调研结果整体来看，开展捐献物资、运输医疗物资的企业占将近 60%；14%的企业通过企业资源引进海外物资；13%的企业加强与红十字会、政府协作，承担相应的工作；7%的企业积极参与火神山、雷神山、方舱医院的建设。

（3）疫情对企业业务量的影响。从调研结果整体来看，受疫情影响，大部分企业的业务量存在不同程度的下降，43.33%的企业的业务量减少了 30%以上，8.33%的企业的业务量减少了 20%～30%，10%的企业的业务量减少了 10%～20%。也有少部分企业的业务量呈现不同程度的增加，6.67%的企业的业务量增长了 10%～20%，3.33%的企业的业务量增长了 20%～30%。此外，有 18.33%的企业的业务量无明显变化。按照企业类型统计，商业企业和物流企业的业务量下降明显，而生产企业受影响相对较小。

（4）疫情对医药物流成本的影响。从调研结果整体来看，受疫情影响，企业的医药物流成本呈现不同程度的增加。35%的企业成本增加 30%以上，10%的企业成本增加 20%～30%，26.67%的企业成本增加 10%～20%。令人意外的是，8.33%的企业成本没有增加。

（5）疫情对仓储资源的影响。调研结果显示，抗疫对医药物流行业来说是一次大的考验，现阶段仓储资源、物流网络存在的问题已经显露出来。因此，一些企业认为疫情会加快行业仓储资源整合，优化物流配送网络；还有一些企业认为行业内的企业将会加快仓库布局及建设，以满足业务需求。

（6）抗疫期间紧急交通政策落实情况。调研结果显示，针对抗疫期间交通运输部出台的一系列紧急政策的落实情况，48.33%的企业所在地刚开始执行情况一般，随着落实举措不断加强而有所改善；25%的企业所在地政策落实较好；值得注意的是，23%的企业所在地地方主义明显，导致政策落实效果较差。这也是医药物流行业很多政策难以推行的原因之一。

（7）疫情给企业经营带来的困难。调研结果显示，受疫情影响，70%的企业承受业务量减少、成本上升的压力；超过 40%的企业面临资金紧张、司机和车辆紧缺的困境；52%的企业部分干线运输中断。但是疫情无情人有情，企业内部人心稳定值得欣慰。

（8）企业对 2020 年经营的看法。整体来看疫情对企业 2020 年经营的影响，66.67%的企业表示影响一般，企业能正常运转；15%的企业表示影响较大，资金周转困难；5%的企业表示影响比较严重，很有可能面临生存困难。

（资料来源：疫情对医药物流行业的影响调研分析报告）

1. 案例中，对医药物流行业的调研不包括下列哪个方面？（　　　）
   A. 参与的主要抗疫工作　　　　　B. 疫情对物流成本的影响
   C. 疫情对运输资源的影响　　　　D. 企业经营遇到的困难

2. 从案例可以看出，受疫情影响，企业的医药物流成本出现了什么样的变化？（　　　）
   A. 不同程度的增加　　　　　　　B. 基本不变
   C. 很大程度的增加　　　　　　　D. 不同程度的减少

3. 下列选项中哪个不是疫情给企业经营带来的困难？（　　　）

    A. 业务量减少　　　B. 成本下降　　　C. 资金紧张　　　D. 车辆紧缺

## 拓展阅读

## 新冠肺炎疫情下　制造业的路在何方

2020 年注定是不平凡的一年，这一切的起因就是新冠肺炎疫情。在国内的疫情取得阶段性胜利后，经济保卫战也吹响号角。基于海外疫情的状况，作为国民经济基础的制造业，在动荡中充满了变数。

疫情在全球暴发，给人流、物流、商流、资金流带来巨大影响，在很大程度上，其实是全球供应链的波动，进而影响全球制造业的发展变化，而这个变化也进一步推动了全球经济的调整。

### 供应链格局的微妙变化

进入 3 月，国内的疫情风险主要来自境外输入。对于国内的制造业而言，欧洲疫情暴发对其最大的影响主要表现在两方面：一是国内商品的出口问题；二是工业自动化核心部件供应问题。

机械化生产的今天，国内大多工厂的机械核心部件来自以德国为首的欧洲。德国向意大利关闭了边境，意大利则直接"封国"，并且欧洲许多工厂已经开启了居家办公模式。这一系列情况给国际物流及工厂生产效率都带来了不同程度的影响。

如果欧洲的工控核心部件货期延误，那么对于国内制造厂商来说，是短期内的"没母鸡生蛋"问题。国内制造厂商有两种选择：一是以国产代替进口；二是等待，等待欧洲的产品运过来，等待欧洲的疫情"消停"。从国内疫情后经济复苏的紧迫性来看，第二种选择的可能性不大。

疫情严重地区供应链上的某些环节暂时性断裂，部分跨国供应链的临时中断，对全球制造业格局的进一步洗牌，已成为客观事实。国内疫情已经取得阶段性成效，复工复产有序推进。所以，国内制造业急需对供应链做出调整。

### 制造业保卫战的"核弹头"

在春节假期延长后，所有制造业面临相同的问题就是供应链卡壳、工厂复工不复产。那么，制造业保卫战的关键是什么？

疫情期间口罩极度紧缺，扩大口罩的产能，远远不是买条口罩生产线那么简单。我们知道，一个口罩有五六种材料，每一种材料都可能是不同的供应商。平时，企业在耗费大量人力的情况下能够完成对这些上下游供应商的整合，但是在疫情发生时就非常困难。事实就是如此，国内许多变线产口罩的企业，买了口罩机却没有原材料投入生产的问题比比皆是。

因此，数字化转型是制造业的关键，也是刻不容缓的问题。工厂数字化转型中的供应链协同、人与机器协同、人与人协同都是制造业转型的关键。业内人士指出，不管是供应链还是企业内部，整个价值链都非常依赖数字化，以帮助工厂提升对内和对外的管理效率，这里有非常多的价值可以挖掘，也是制造业数字化很大的价值点。

据统计，国内的中小型制造企业超过 700 万家。不过，在规模可观的市场背后，数字化工厂的缺位是巨大的。粗略统计，有 90% 以上的工厂仍然没有数字化，或者是处于低级的数字化状态。疫情下的国内制造业所面临的最大挑战就是如何加快转型升级、优化供应链管理，而这一切的根本是需要教会企业利用数字化带来的价值。

**把供应链管起来**

上面提到的数字化，只是工厂转型升级的一个手段，真正做到精益生产和零库存，靠的是商家的风险思维和管理。制造业的产业链是一个庞大的体系，从原材料供应、物流运输、制造工厂到终端用户，其中任何一个环节缺失都会造成整个生态链的坍塌。此外，企业内部供应链管理稍不留神，就会成"一锅糨糊"。

在疫情影响下，虽然多地宣布 2 月 10 日复工，但实际情况是复工的企业非常有限。供应链的波动带来整个制造业的"便秘"。据相关数据，今年 3 月初国内有 3.6 万家以上零部件、9 千家以上工厂、1500 个以上的供应商受疫情影响。在 3 月中旬，更多的企业正严重依赖库存。

以服装产业为例，湖北省是纺织品的重要生产基地，有大量织物材料加工及印染企业。而湖北省是国内疫情重灾区，这就导致国内纺织和服装产业原材料供需紧张。一位浙江的服装厂负责人毫不避讳地表示："2 月到 3 月中旬的复工复产很难落实，请来了工人但没有原材料，那么服装厂怎么恢复产能？"

经过此次疫情，企业管理者会发现，供应链管理的根本是企业具备风险思维和管理意识。面对突发事件，企业需要重新审视自身供应链，建立一套弹性、灵活、可控的体系——由原来单一的供应链变成多维供应链，从集中采购到分散的小批量采购。

在疫情可控的今天，制造企业应如何调整新的供应链生态呢？

从手段上来说，就是加快数字化建设，对内通过搭建生产、流通、物流融合的协同平台，实现需求、库存、物流的实时共享，提升供给效率和整体竞争力；对外需要加强产业链上下游供应商的沟通和物流方式的升级，打通企业内、外部数据链条，形成高效协同体系，以辅助管理者决策。

从管理者角度来说，应该有风险规避的意识，毕竟这次疫情随时可能卷土重来。假如再次出现突发事件，企业需要判断是否会断供、断供后预案如何设定，以及优化供应商渠道和提升供应链数据的及时性、准确性等为危机来临时的决策提供准确的数据基础。

因此，对于制造企业而言，在这场制造业供应链的保卫战中，需要评估自己的实力、市场形势和未来趋势；掌握国内国际产业转移、线上线下融合、万物互联的趋势；做到精准定位，找准发展方向。

（资料来源：控制工程网）

# 任务二 认识采购与供应物流

## 温故知新

**一、单项选择题（从每小题给出的四个备选答案中选出一个正确答案，并将所选答案的字母填在括号内）**

1. 企业物流过程的起始阶段是（　　　）。
   A. 供应物流　　　B. 生产物流　　　C. 销售物流　　　D. 回收物流

2. 供应物流与社会物流的衔接点是（　　　）。

    A. 采购　　　　　　B. 供应　　　　　　C. 库存管理　　　　D. 仓储管理

3. 供应物流的核心部分是（　　　）。

    A. 采购　　　　　　B. 供应　　　　　　C. 库存管理　　　　D. 仓储管理

4. 依据供应计划，消耗定额进行生产资料供给的作业层，负责原材料消耗的控制，这是供应物流中的什么要素？（　　　）

    A. 采购　　　　　　B. 供应　　　　　　C. 库存管理　　　　D. 仓储管理

5. 在企业完成了采购程序之后，由销售方和本企业之外的第三方去从事物流活动，这是供应物流的哪一种模式？（　　　）

    A. 委托社会批发企业代理供应物流模式

    B. 委托社会销售企业代理供应物流模式

    C. 委托第三方物流企业代理供应物流模式

    D. 企业自供物流模式

6. 在卖方市场的市场环境状况下经常采用下列哪一种供应物流方式？（　　　）

    A. 委托社会批发企业代理　　　　　　B. 委托社会销售企业代理

    C. 委托第三方物流企业代理　　　　　　D. 企业自供

7. 下列哪个选项是保证社会再生产不间断进行的客观必要条件？（　　　）

    A. 采购　　　　　　B. 供应　　　　　　C. 库存　　　　　　D. 销售

8. 下列哪个选项的定义是企业在一定的条件下从供应市场获取产品或服务作为企业资源，以保证企业生产及经营活动正常开展的一项企业经营活动？（　　　）

    A. 采购　　　　　　B. 供应　　　　　　C. 库存　　　　　　D. 销售

9. 下列哪个选项是企业物流管理的起点？（　　　）

    A. 采购　　　　　　B. 供应　　　　　　C. 库存管理　　　　D. 仓储管理

10. 下列哪个选项具有整合供给和需求，维持各项活动顺畅进行的功能？（　　　）

    A. 采购　　　　　　B. 供应　　　　　　C. 库存　　　　　　D. 销售

二、多项选择题（下列每小题给出的四个选项中，至少有两个选项是符合题目要求的，请将所选答案的字母填在括号内）

1. 供应物流由哪些部分构成？（　　　）

    A. 采购　　　　　　B. 供应　　　　　　C. 库存管理　　　　D. 仓储管理

2. 供应物流的合理化主要从哪些方面入手？（　　　）

    A. 进货方式合理化　　　　　　B. 库存方式合理化

    C. 供应方式合理化　　　　　　D. 销售方式合理化

3. 库存管理的任务是用最低的费用在适当的时间和适当的地点取得适当数量的（　　　）。

    A. 原材料　　　　　B. 半成品　　　　　C. 消耗品　　　　　D. 最终产品

4. 一般来说，采用联合进货方式，由运输单位实行有组织的送货，使企业的物流批量化，可以提高运输单位的（　　　）。

    A. 车辆配载率　　　　　　B. 整车发送率

    C. 配送车辆效率　　　　　　D. 进货工作效率

5. 零库存管理包含的意义有（　　　）。
    A. 库存货物的数量趋于零或等于零　　B. 库存设施的数量趋于零或等于零
    C. 库存设备的数量趋于零或等于零　　D. 库存劳动耗费趋于零或等于零

## 三、判断题（正确的打"√"，错误的打"×"）

1. 采购物流是为组织生产所需要的各种物品供应而进行的物流活动，是企业生产活动所需生产资料的供应。（　　　）
2. 仓储管理是供应物流的转折点。（　　　）
3. 一般来说，供运需一体化供应方式有利于缩短供应物流时间，减少物流费用。（　　　）
4. 所谓零库存是指使以仓库储存形式的某种或某些物品的储存数量真正为零。（　　　）
5. 过少的库存会带来物品流转过程的停滞，过多的库存又会造成社会再生产的中断。（　　　）

## 四、填空题

1. （　　　　　　）是指提供原材料、零部件或其他物料时所发生的物流活动。
2. （　　　　　　）是供应物流与生产物流的衔接点。
3. 采购是指企业在一定的条件下从（　　　　　　）获取产品或服务作为企业资源，以保证企业生产及经营活动正常开展的一项企业经营活动。
4. 材料供应方式有两种基本形式：一种是（　　　　　　）；另一种是（　　　　　　）。

## 五、简答题

1. 供应物流有哪些模式？

2. 什么是零库存？

## 六、案例题

### （一）案例分析题

**请阅读案例，并根据案例回答第 1～2 小题。第 1～2 小题均为简答题。**
沃尔玛在全美有 3000 多家分店，在海外拥有 1000 多家连锁店，员工超过 88.5 万人，规模如此巨大，却仍能"天天平价"。沃尔玛之所以能天天低价，是因为它比竞争对手成本低，商品周转快。沃尔玛绕开中间商，直接从工厂进货；等统一订购的商品到达配送中心后，再根据每个分店的需求配送。这种类似网络零售商"零库存"的做法使沃尔玛每年节省数以百万美元的仓储费。

沃尔玛前任总裁大卫·格拉斯曾说："配送设施是沃尔玛成功的关键之一，如果说我们有什么比别人干得好的话，那就是配送中心。"灵活高效的物流配送系统是沃尔玛达到最大销售量和低成本的存货周转的核心。沃尔玛完整的物流系统不仅包括配送中心，还有资料输入采购系统、自动补货系统等。商品供应系统协调运行要求建立在各个环节主体间高质量的信息传递与共享基础上。

沃尔玛投资 4 亿美元由休斯公司发射了一颗商用卫星，实现了全球联网。全球 4000 多家门店通过网络可在 1 小时之内对每种商品的库存、上架、销量全部盘点一遍，并通知货车司机最新路况信息，调整车辆送货的最佳线路。20 世纪 80 年代末，沃尔玛开始利用电子交换系统 EDI 与供应商建立自动订货系统，通过网络向供应商提供商业文件、发出采购指令、获取收据和装运清单等。沃尔玛还利用更先进的快速反应系统代替采购指令，真正实现了自动订货。凭借先进的电子信息手段，沃尔玛做到了商店的销售与配送同步，配送中心与供应商运转一致，从而提高了效率，降低了成本，使得沃尔玛所售货物在价格上占有绝对优势。

综上所述，沃尔玛能以低价取胜得益于，完善的物流管理系统与高质量的信息系统使其成功地实现了零库存。这两大系统成功整合了零售商，并创造了独特的物流模式。它的内部物流网络监控系统可使采购库存、订货配送和销售一体化。配送中心的设置布点、通信卫星的信息传输，以及交叉配送以省略库存和分拣作业等，沃尔玛从各个细节节省成本，获取低价竞争优势。

（资料来源：沃尔玛零库存管理案例）

1. 案例中，沃尔玛通过什么方式实现"零库存"？

2. 结合案例谈谈沃尔玛为何可以以低价取胜。

## （二）案例选择题

**请阅读案例，并根据案例回答第 1~3 小题。第 1~3 小题为不定项选择题。**

国网商城与京东企业购（以下简称"京东"）正式达成战略合作。双方将围绕国网商城打造全产业链电子化采购，在智能采购、全流程电子化、区块链防伪溯源、智能物流等方面开展深度合作，围绕产业链上下游，为企业提供智能采购服务。

通过此次合作，京东将发挥自身在智能采购和供应链方面的核心优势，协助国网商城优化完善采购专区，实现包含商用、MRO 在内的办公集采、员工福利、市场活动、销售激励、积分兑换等实物场景及虚拟商品的互联网化采购，特别是在大规模履约、配送方面补充国网商城的技术能力、商品能力与服务能力。

除商品采购外，京东还将助力国网商城，实现从前端采购到后端财务结算的全流程数据、简化结算、发票等财务流程和执行效率，实现全流程电子化。

在区块链方面，京东将依托自身优势，为国网商城构建基于区块链技术的防伪溯源体系，实现对特定品类商品的供应商、物流、收货方的信息智能化管理，借助区块链技术的不可篡改性，做到商品的来源可知、去向可查、责任可究。

行业专家表示，在当前的经济环境下，降本增效、深化改革是央企持续成长的必由之路。国网商城与京东合作，基于其核心业务展开的物资管理及企业运营管理的智能化、数字化升级，将为能源企业的供给侧结构性改革和能源互联网构建提供参考范本。

双方还透露，未来京东与国网商城的合作还将拓展到金融、物流等多个领域，打造数字化的业务生态体系。在供应链金融领域，京东将完善针对供应商的征信数据体系，进而支撑账期及额度分析，帮助国网商城建立更加科学合理的供应商管理机制。在智能物流领域，双方将探索搭建国网商城供应商配送体系，实现统一精准配送及物流全流程监控。

（资料来源：国网商城搭伙京东企业购 抢滩全产业链电子化采购）

1. 案例中，京东主要为国网商城提供哪一个环节的帮助？（　　　）
   A. 采购　　　　　　B. 供应　　　　　　C. 库存管理　　　　D. 仓储管理
2. 国网商城与京东将在下列哪些领域开展深度合作？（　　　）
   A. 智能采购　　　　　　　　　　B. 全流程电子化
   C. 区块链防伪溯源　　　　　　　D. 智能物流
3. 在区块链方面，京东为国网商城构建的防伪溯源体系，可以实现特定品类商品的哪些信息智能化管理？（　　　）
   A. 中间商　　　　B. 供应商　　　　C. 物流　　　　D. 收货方

### ◇ 拓展阅读

### 立可链：助力中小企业，一步搭建全国物流供应链网络

2013—2017 年，中国社会物流总额从 197.8 万亿元增长到 252.8 万亿元。其中，2017 年社会物流总额增长率为 6.7%。

与一路高歌增长的社会物流总额并肩的，还有社会物流总费用与 GDP 的比率。2017 此数据为 14.6%，2016 年则为近 15%。同时，权威调查数据指出，2016 年社会物流总费用占 GDP 的比率，美国、日本分别是 8.0%、11.0%，即便是同为发展中国家的邻居印度，社会物流总费用也只占 GDP 的 13.0%。

在消费升级倒逼产品和服务升级的时代，面对依然高涨的物流成本，中小企业受经营规模限制，很难低成本获取优质物流供应链资源，自身物流供应链服务能力与行业领先企业的差距

越来越大。同时，中小企业也面临企业发展过程中资金短缺的问题，融资难、融资贵是普遍现象。数量庞大的中小企业，是社会活力之源，但受到种种内外部因素影响，企业亟需能减轻资产负重的、灵活的、能根据市场需求及时做出调节反应的第三方仓储服务。

**中小企业轻松获得物流资源，节省运输成本**

乘着共享经济的风口，共享物流的概念逐渐走入大众视野。物流领域可以共享的资源很多，包括物流信息、技术与设备、仓储设施、终端配送、人力资源等。在仓储设施方面，当前出现了一些致力于探索共享仓储的第三方物流供应链公司与平台。如立可链（LikeLink）、菜鸟物流市场、京东云仓、中联网仓等，其中由广东立可链科技有限公司通过 SaaS（Software-as-a-Service，软件即服务）线上业务系统搭建的一站式快捷供应链服务平台——立可链，则是目前市场上的领先品牌。作为专业供应链服务平台，立可链致力于为客户提供灵活、快捷的一站式供应链服务，通过 SaaS 线上业务系统实现与合作伙伴的商流、信息流、资金流和物流全程线上可视化，因而中小企业无须搭建物流运作团队、无须基础设施投入，便可快速接入全国供应链分销流通网络，并获得专业的供应链物流运作。

如此一来，中小企业可以轻松节省仓储与物流运输成本，并且有效缩短仓配与运送时间，在提高自身存货周转率的同时，也能改善顾客的消费体验。

依靠专业物流供应链建设，立可链已在全国建立 49 个共享分拨中心。共享仓储网络面积达到 64 万平方米，为与平台合作的中小企业提供覆盖全国的共享配送区域，已实际解决多家中小企业对于全国物流供应链的需求问题。

七大产品并驾齐驱，满足中小企业多层次需求

考虑到中小企业多种不同层次需求，立可链协同益邦控股集团多板块资源优势，为客户构建两大服务体系——供应链运营服务体系与供应链商业服务体系，分别由立享无忧、立享仓、立享配、立享智、立享集、立享融、立享筹七大产品组成，产品体系丰富全面，致力于为中小企业提供更高规格的物流供应链服务。

其中，供应链运营服务体系包括立享无忧、立享仓、立享配三大产品，分别为企业提供仓配一体化共享服务、仓储资源共享服务与运输资源共享服务。如此一来，中小企业可以享受到多种供应链资源配置模式，可根据实际需求自行选择，并且按照流量计费从而最大限度地提升资金使用率，中小企业还将依托平台网络实现快速布局与业务扩张，以及便利化服务执行状态信息查询。通过建设这套体系，立可链将自身资源优势转化为产品服务体系，为中小企业解决物流供应链资源需求，节省成本、省时省力。

而供应链商业服务体系由其余的立享智、立享集、立享融、立享筹四大产品组成，立可链升级自身服务项目与规模，为中小企业提供物流供应链等基础需求以外的更多服务，比如柔性可落地供应链专业解决方案及咨询服务，个性定制标准软件、硬件对接集成服务，专业定制化金融保理产品，专业可靠产业基金对接服务等。立可链坚持不断推进自身服务深度，妥善协助中小企业解决多种经营问题，实现合作共赢。

放眼未来，立可链将在此基础上，依靠自身资源优势与专业水准，致力于构建行业领先的一站式物流供应链服务，打造更高规格的配套产品体系，助力更多中小企业实现商业升级。

（资料来源：立可链：助力中小企业，一步搭建全国物流供应链网络）

## 任务三 认识生产物流

### 温故知新

**一、单项选择题（从每小题给出的四个备选答案中选出一个正确答案，并将所选答案的字母填在括号内）**

1. 下列哪个选项是指企业生产过程发生的涉及原材料、在制品、半成品、产成品等所进行的物流活动？（　　）
    A. 供应物流
    B. 生产物流
    C. 销售物流
    D. 回收物流

2. 企业物流的主要功能要素是（　　）。
    A. 运输
    B. 储存
    C. 搬运活动
    D. 配送

3. 下列哪个选项会影响生产物流的构成和比例？（　　）
    A. 生产工艺
    B. 生产类型
    C. 生产规模
    D. 专业化和协作化水平

4. 下列哪个选项会影响物流量大小？（　　）
    A. 生产工艺
    B. 生产类型
    C. 生产规模
    D. 专业化和协作化水平

5. 生产物流的英文全称是（　　）。
    A. Production Logistics
    B. Supply Logistics
    C. Distribution Logistics
    D. Waste Material Logistics

6. 只有合理组织下列哪个过程，才能使生产过程始终处于最佳状态？（　　）
    A. 供应物流　　　B. 销售物流　　　C. 废弃物物流　　　D. 生产物流

7. 项目型生产物流、连续型生产物流、离散型生产物流，这是从哪个角度对生产物流进行划分的？（　　）
    A. 生产专业化
    B. 物料流向
    C. 物料流经的区域
    D. 物料流经的功能

8. JIT 的中文全称是（　　）。
    A. 准时生产
    B. 准点生产
    C. 及时生产
    D. 按需生产

9. 下列哪个选项的本质是在需要的时间，按需要的量对所需零部件发出生产指令的一种信息媒介体？（　　）
    A. 信息卡
    B. 传票
    C. 电子屏
    D. 看板

10. JIT 生产方式是以下列哪个选项作为出发点的？（　　　）

    A. 准时生产　　　　B. 看板管理　　　　C. 及时生产　　　　D. 快速反应

## 二、多项选择题（下列每小题给出的四个选项中，至少有两个选项是符合题目要求的，请将所选答案的字母填在括号内）

1. 生产物流的特点有哪些？（　　　）

    A. 实现价值的特点　　　　　　　　B. 主要功能要素的特点

    C. 物流过程的特点　　　　　　　　D. 物流运行的特点

2. 从生产专业化的角度划分，生产物流可以分为（　　　）。

    A. 单件生产　　　　B. 少量生产　　　　C. 大量生产　　　　D. 成批生产

3. 从物料流经的区域和功能角度划分，生产物流可以分为（　　　）。

    A. 车间物流　　　　B. 厂间物流　　　　C. 厂外物流　　　　D. 工序间物流

4. 制造企业生产物流要实现原材料、配件、半成品等物料在工厂内部的哪些部门之间进行流转？（　　　）

    A. 供应库与车间　　　　　　　　　B. 车间与车间

    C. 工序与工序　　　　　　　　　　D. 车间与成品库

5. 生产物流的类型可以从哪些角度进行划分？（　　　）

    A. 生产专业化　　　　　　　　　　B. 物料流向

    C. 物料流经的区域和功能　　　　　D. 物料的特性

## 三、判断题（正确的打"√"，错误的打"×"）

1. 企业生产物流最本质的特点是实现时间价值和空间价值的经济活动。（　　　）

2. 企业生产物流的运行具有极强的伴生性，往往是生产过程中的一个组成部分或一个伴生部分。（　　　）

3. 只有合理组织生产物流过程，才能使生产过程始终处于最佳状态。（　　　）

4. 看板管理不仅能有效地使企业降至零库存，而且能够促进企业的管理水平，提高企业的运作效率。（　　　）

5. JIT 生产方式的基本思想是"只在需要的时候，按需要的量，生产所需的产品"。（　　　）

## 四、填空题

1. 企业生产物流的本质是实现（　　　　　　）的经济活动。

2. 在生产物流的影响因素中，（　　　　　　）影响生产物流的构成与管理。

3. （　　　　　　）是通过看板的运行控制企业生产全过程的一种现代管理技术。

4. JIT 的基本原则是在（　　　　　）生产（　　　　　　）的零件或产品，即准时生产。

## 五、简答题

1. 生产物流的影响因素有哪些？

2. 生产物流的类型有哪些?

## 六、案例题

### (一)案例分析题

**请阅读案例,并根据案例回答第 1~2 小题。第 1~2 小题均为简答题。**

麦龙公司先从总装分厂内部开始推行看板,编制了看板管理初期管理流程 5 个,考核管理制度 1 个。麦龙公司每天核对总装线旁库的库存量,对出现的差异进行即时分析;组织清线、盘点,对盘点结果进行综合分析,确保看板管理与账目管理一致。

看板管理启动后,对麦龙物流和生产工作起到了如下作用。

(1)指令作用:提示后工序向前工序取货。

(2)控制过量制造和过量运送的作用:由于看板控制生产(或货)的品种、数量,以及运输的时间,有力地控制着生产,不见看板不准生产,不准提前生产,不准超量生产,不准提前或超量取货。

(3)信息作用:看板作为"实物"挂在成批制作出的产品上面。如果该批产品的数量减少到基准数时就摘下看板,送回到生产工序,然后生产工序按照该看板的指示开始生产。没有摘牌则说明数量足够,不需要再生产。看板使准时化思想渗透到生产现场,能迅速、有效地反馈生产活动信息,进行"自律"管理。

(4)防止生产和运输不良品:看板是实物的凭证并挂在实物上,但不合格的零件是不允许挂看板的,因此,凡是没有挂上看板的零件,不允许取走和流动。

(5)表明问题所在和管理库存的手段:看板在生产过程中是流动的,一旦看板停滞或周转过快,就说明生产上有异常,可以借助该手段及时发现及时处理;看板周转张数中有保险系数,若生产储存正常,可以减少看板张数,以压缩库存和在制品数量。

(6)微调计划的作用:当用户的需求或生产的品种和数量有微小变动时,通过控制看板的流动就可以微调计划,使生产具有可控性和一定的柔性。

经过摸索,麦龙公司基本确定了看板管理的发展方向。由于最初实施看板管理采取的是纯手工操作,导致了相关数据不能及时登记,且账目核对烦琐。针对出现的各类问题,麦龙公司建立信息化看板管理项目,启动条码扫描项目。

(资料来源:案例分享:看板管理)

1. 什么是看板管理?

2. 结合案例，说说看板管理对麦龙公司的物流和生产起到了哪些作用。

### （二）案例选择题

**请阅读案例，并根据案例回答第 1～3 小题。第 1～3 小题均为不定项选择题。**

海尔集团作为中国家电制造业的领导者，其物流系统最重要的特征是"一流三网"，"一流"是指订单信息流；"三网"分别是全球供应链资源网络、全球用户资源网络和计算机信息网络。其中订单信息流是核心，全球供应链资源网络、全球用户资源网络和计算机信息网络为订单信息流提供物质支持。统一的平台式物流服务至少为海尔带来了"三个 JIT（Just in Time，准时制）"，分别是 JIT 采购、JIT 送料和 JIT 配送。

采购事业部将整个集团的采购业务进行集中，实现规模化和全球化的运营，使采购价格大幅下降，加之 BBP（Business-to-Business Procurement，电子商务采购平台）提供的订单信息流精确引导，使整个采购活动能够实现 JIT。原材料采购完成后，物流配送部门实施"五定送料"的 JIT 物料配送模式。"五定"就是"定单"、"定点"、"定时"、"定量"和"定人"。在这一环节，订单信息流仍然是物流中心决策的基础，海尔每天根据 ERP（Enterprise Resource Planning，企业资源计划）系统中的生产订单要求以及工位库存的实际消耗情况，通过计算机系统自动产生向工作单位的材料配送申请清单，并在 4 小时内完成配料，这就是"JIT 送料"。

1. BBP 系统即 B2B Procurement 系统，该系统能够实现网上招标、投标、供应商自我维护、订单跟踪等业务流程。它的成功建设使得海尔电子商务扩展至包含客户和供应商在内的整个供应链管理，有效提高了采购效率，大幅降低了采购成本。

2. "五定"的具体含义是："定单"是指按单送料和配送，消灭无效订单送料；"定点"是指准确的配送地点、配送路径和配送工具存放点；"定量"是指配送数量均以订单要求为准，不存在多余物料；"定时"是指按照规定的送料频次，保证 4 小时内到位；"定人"是指明确的送料人和接料人。

海尔通过整合配送网络的方式来实现针对客户的 JIT 配送。海尔集团的物流网随着产品销售网络的扩大而不断延伸，经过多年的发展，海尔集团已拥有全国网络化的配送体系，海尔的物流配送中心已覆盖全国所有区域，拥有 300 多万平方米的仓储资源，与 300 多家运输公司建立了紧密的合作关系；青岛总部物流中心自有运输车辆 800 余辆，全国可调配车辆达 1.6 万辆。海尔物流拥有完善的成品分拨物流体系、返回物流体系和备件配送体系，可以做到物流中心城市 6～8 小时配送到位，区域配送 24 小时到位，全国主干线分拨配送平均 3.5 天，形成了全国最大的企业分拨物流体系。此外，海尔青岛物流中心还可代理铁路运输、航空运输、远洋运输等业务，具备综合物流服务能力，大规模、全方位的服务可使海尔物流的成本远远低于市场运输价格。特别是铁路运输方面，海尔物流与铁路部门有长期合作的良好关系，拥有优先发货权。

（资料来源：海尔、京东和阿里巴巴的物流实践）

1. 案例提到海尔的"三个JIT"是指（　　　）。
   A. JIT采购
   B. JIT送料
   C. JIT配送
   D. JIT生产
2. 下列哪个选项是指准确的配送地点、配送路径和配送工具存放点？（　　　）
   A. 定单
   B. 定点
   C. 定时
   D. 定量
3. 海尔通过哪些体系来实现针对客户的JIT配送？（　　　）
   A. 成品分拨物流体系
   B. 返回物流体系
   C. 仓储物流体系
   D. 备件配送体系

## ◇ 拓展阅读

### 飞力达加码物流科技，智慧物流赋能智造供应链自动化

在国家提出供给侧改革等新理念的背景下，智能制造（简称"智造"）成为新的发展趋势，物流领域也随之掀起了数字化、智能化的发展浪潮，助力中国智造的全球化快速发展。

飞力达作为全国领先的智造供应链服务商，伴随着中国制造产业的崛起，获得了高速发展的历史机遇，同时，飞力达深耕智造供应链，致力于为智造供应链打造供应链协同平台，为客户提供最大化的价值。

在飞力达打造的昆山及重庆智慧仓库中，通过智慧物流技术的投入使用，打造出全国领先的自动化立体仓库，展现了飞力达向着操作无人化、运营智能化、决策智慧化的全面智慧物流的不断探索与实践。

**自动化立体仓库：**实现了货到人拣选，将传统的静态仓库转化为动态仓库，实现了高速、精准出入库，提升了操作效率及仓库空间利用率。

**自动化流水线：**从传统的人找货到货自动到人的转变，不仅减少了搬运和暂存时间，而且物流动线也更加顺畅，操作效率及准确度得到了提升。

**环形货架机器人：**采用环形货架摆放方式，机械臂高效率精准操作，提高货物运转效率。

**影像识别技术：**自动制标、贴标，通过视觉技术自动复检，操作效率及准确度大幅提升。

**电子看板：**实时监控订单及人员状态，绩效数据自动采集，实现系统预警及现场管理决策。

**无人叉车：**搬运效率提高，将安全协议和传感器整合在无人叉车中，保障了工作安全，优化了人力成本，提高了能源利用。

**智能照明：**飞力达率先在仓库使用了智能照明系统，实现了远程能耗监控、实时控制的功能，也能根据现场需求自动调光，即在重点作业区域适当调亮照明，在堆放区或靠近室外可见光源的区域将亮度调暗或关闭，实现高效节能。

而这些仅仅是飞力达智慧仓库的一部分。作为科技驱动的智造供应链管理专家，飞力达正通过园区物联网、智能站场/月台、智能短驳/搬运、车辆出入智能等功能，逐步打造出智慧化仓储园区，助力智造供应链全渠道的协同，让整个物流过程更加高效。

（资料来源：中国物流与采购网）

# 任务四 认识销售物流

## 温故知新

**一、单项选择题（从每小题给出的四个备选答案中选出一个正确答案，并将所选答案的字母填在括号内）**

1. 销售物流的英文全称是（　　　）。
   A. Production Logistics
   B. Supply Logistics
   C. Distribution Logistics
   D. Waste Material Logistics

2. 下列哪个选项是当下企业的核心竞争环节？（　　　）
   A. 以生产为中心
   B. 以市场为中心
   C. 以供应为中心
   D. 以用户为中心

3. 下列哪一种模式是由专门的物流服务企业组织企业的销售物流？（　　　）
   A. 生产企业自己组织销售物流
   B. 第三方物流企业组织销售物流
   C. 客户自提的形式
   D. 第四方物流企业组织销售物流

4. 在网络经济时代，下列哪一种模式是物流的发展趋势？（　　　）
   A. 生产企业自己组织销售物流
   B. 第三方物流企业组织销售物流
   C. 客户自提的形式
   D. 第四方物流企业组织销售物流

5. 下列哪一种模式是指将生产企业的销售物流转嫁给客户，变成客户自己组织供应物流的形式？（　　　）
   A. 生产企业自己组织销售物流
   B. 第三方物流企业组织销售物流
   C. 客户自提的形式
   D. 第四方物流企业组织销售物流

6. 下列哪个选项是企业物流系统的最后一个环节？（　　　）
   A. 供应物流
   B. 生产物流
   C. 销售物流
   D. 回收物流

7. 销售物流是储存、运输、配送等环节的统一，占据企业销售总成本的（　　　）。
   A. 20%
   B. 30%
   C. 40%
   D. 50%

8. 销售物流活动之所以带有极强的被动性与服务性，是因为在现代社会中，市场环境是一个完全的（　　　）。
   A. 买方市场
   B. 卖方市场
   C. 物流市场
   D. 网络市场

9. 生产企业自己组织销售物流，可以对销售物流的成本进行大幅度的调节，充分发挥其什么作用？（　　　）
   A. 利润中心
   B. 生产中心
   C. 用户中心
   D. 成本中心

10. 客户自提的形式是使销售方失去了什么职能？（　　）
  A. 生产物流　　　　　　　　　　B. 供应物流
  C. 废弃物物流　　　　　　　　　D. 销售物流

## 二、多项选择题（下列每小题给出的四个选项中，至少有两个选项是符合题目要求的，请将所选答案的字母填在括号内）

1. 采用第三方物流企业组织销售物流，是由于第三方物流企业可以做到（　　）。
  A. 专业化　　　　　　　　　　　B. 自动化
  C. 规模化　　　　　　　　　　　D. 个性化

2. 生产企业自己组织销售物流的办法可行，但不一定是最好的选择，是因为（　　）。
  A. 核心竞争力的培育和发展问题
  B. 生产企业销售物流专业化程度有限
  C. 一个生产企业的规模终归有限
  D. 生产企业人力资源不足

3. 在现代社会中，企业销售物流的特点是要通过包装、送货、配送等一系列物流来实现销售，需要研究的问题有（　　）。
  A. 送货方式　　　　　　　　　　B. 包装方式
  C. 包装水平　　　　　　　　　　D. 运输路线

4. 销售物流的模式包括（　　）。
  A. 供应企业组织销售物流　　　　B. 生产企业自己组织销售物流
  C. 经销商企业组织销售物流　　　D. 第三方物流企业组织销售物流

5. 销售物流在企业中有着极其重要的作用，主要体现在（　　）。
  A. 增加销售收入　　　　　　　　B. 提高服务水平
  C. 留住老客户　　　　　　　　　D. 制约物流成本

## 三、判断题（正确的打"√"，错误的打"×"）

1. 生产企业自己组织销售物流，可以将自己的生产经营和客户直接联系起来，信息反馈速度快、准确程度高。　　　　　　　　　　　　　　　　　　　　　　（　　）

2. 在生产企业规模可达到销售物流规模效益的前提下，采取生产企业自己组织销售物流的办法是最好的选择。　　　　　　　　　　　　　　　　　　　　　　（　　）

3. 销售物流活动带有极强的主动性和服务型，只有以满足买方需求为宗旨，卖方才能最终实现销售。　　　　　　　　　　　　　　　　　　　　　　　　　　　（　　）

4. 生产企业自己组织销售物流是在计划经济时期广泛采用的模式。　　　　（　　）

5. 销售物流是企业物流与社会物流的又一个衔接点。　　　　　　　　　（　　）

## 四、填空题

1. （　　　　　　　）是指企业在出售商品过程中所发生的物流活动。

2. 销售物流活动带有极强的服务性，所以销售往往以（　　　　　　　）并经过（　　　　　）才算终止。

3. （　　　　　　　　）模式，实际上是把销售物流作为企业生产的一个延伸或是看作生产的继续。

4. 第三方物流企业组织销售物流模式的优点在于，第三方物流企业可以将企业的（　　　　　　）和（　　　　　　）一体化。

## 五、简答题

1. 销售物流包含哪些要素？

2. 销售物流的模式有哪些？

## 六、案例题

### （一）案例分析题

**请阅读案例，并根据案例回答第 1~2 小题。第 1~2 小题均为简答题。**

广东时捷物流有限公司（以下简称"时捷物流"）为便利店连锁企业"美宜佳"提供广东全省常温商品的物流服务。2012 年，时捷物流支持美宜佳门店数量已达数千家。随着业务的不断扩张，为了支持企业的发展和经营，满足日益增长的业务需求，同时考虑减少人员依赖性、降低劳动强度、改善作业环境等因素，建设自动化物流中心被提上日程。

经过两年多的规划建设，项目于 2016 年 10 月投入试运行。作为国内零售行业信息化程度和运作效率非常高的大型物流中心之一，时捷（茶山）物流中心配备了先进的自动化物流设备，主要包括一座有 2 万多个托盘货位的自动立体仓库 ASRS，仓库内的 16 台堆垛机全部采用瑞仕格欧洲进口产品；完善的整箱和拆零拣选系统，配备长达 3000 米的箱式输送线，分拣能力高达每小时 17 000 个纸箱和 6000 个周转箱的高速分拣系统。

（1）整件商品的存储和拣选 ASRS 应用

项目集成一座近 2 万个托盘货位的自动化立体仓库，库内的 16 台堆垛机全部采用瑞仕格欧洲进口产品，采用多层存放货物的高架仓库系统。在存储上，组合应用了 A/B/C 分类，收货区就近，重货在下轻货在上，同批号库存巷道均衡分布和堆垛机作业负载均衡等算法规则，做到 ASRS（Automatic Storage and Retrieval System，自动化仓储系统）在存储空间利用率和作业效率上的最合理使用。

FLUX（上海富勒信息科技有限公司简称）WMS（warehouse management system，仓储管理系统）结合运输调度计划、分拣口箱量均衡、波次平衡、新店铺货等因素，进行门店订单的切分。对于波次内不同门店对某类商品的需求量进行提总，对于放满整托盘的拣选任务由堆垛机设备完成拣选。对于单个门店需求量满整托盘的，直接通过单独的出口送到集货区。对于波次内门店提总量不满整托盘的，在尾盘拣选区采用分区批量打印拣货标签、电子标签拣货确认的作业方法。WMS 以作业路径最短作为拣货任务调度的准则，对拣选位的库存进行实时监控，及时触发补货任务。

物流中心还应用了两条高速滑块式分拣线作业，为了保证波次作业切换（清线）时间最短，WMS 在分拣口分配上以任务均衡为基本原则。结合对 A/B/C 三类商品三个区域的合理规划及 WMS 系统的优化调度算法，整件拣选达到了近 17 000 箱/小时的拣选能力。

（2）整件商品播种和集货

通过在分拣口出线的箱子标签上清晰地标明了每个箱子对应的门店和分货库位，分拣口作业人员按照标签的指示将箱子播种到各个分货位的笼车里。WMS 根据箱子数量计算每家门店所需的笼车数。在播种完成的分拣口，作业人员按照标签的指示完成笼车集货任务。物流中心规划了 3 万多个集货位，按照 TMS（Transportation Management System，运输管理系统）运输调度的计划对集货位进行循环使用。

（3）拆零商品电子标签拣选。

对于拆零商品，在拆零拣货区采用流利式货架、一对一电子标签拣选流水线，以保证拣货效率和准确率，并减少作业人员。物流中心每天需要完成几十万次的拆零拣选，目前，可以做到大约 7 秒完成一个门店全部订单商品的拆零拣选作业。

（4）FLUX TMS 集中调度，全流程管控。

物流中心完成分拣的订单，在 FLUX TMS 的统一调度下，实现 600 多台营运车辆管理、路线规划、装车配载、在途跟踪、门店签收和回单管理等全流程的管控，物流中心平均吞吐量约 4800 吨/天。

（资料来源：广东时捷物流有限公司——零售物流自动化分拣系统）

1. 案例中的时捷（茶山）物流中心主要有哪些信息化应用？

2. 请谈谈时捷（茶山）物流中心的运营为美宜佳带来了怎样的效益。

**（二）案例选择题**

**请阅读案例，并根据案例回答第 1～3 小题。第 1～3 小题均为单项选择题。**

阿迪达斯目前在中国已有三个物流中心，其中两个在苏州工业园区内，共占地 23 万平方米的新旧物流中心共同服务华东、华南和华西区域市场，是阿迪达斯在全国的主要发货中心。另外，阿迪达斯在天津还有一个辐射京津冀等华北地区的物流中心，该物流中心占地 15 余万平方米。

也就是说，随着新物流园区的落成，阿迪达斯目前在中国内陆区域的辐射网络已经布局完成。未来，苏州两座物流中心将与天津物流中心一起，形成覆盖整个中国内陆地区的物流网络，助力品牌供应链体系实现战略性升级。

自 2019 年以来，除阿迪达斯外，Nike、李宁、娃哈哈、加多宝、瓜子二手车等，以及成功注册快递商标的小米，都在重金加码自己的物流系统，而电商巨头腾讯和阿里巴巴更是频繁"下注"。自建物流系统有两个明显的好处，短期看可提高服务品质、物流成本更可控；长远看物流系统可作为盈利引擎。但归根到底，企业在乎的还是生态供应链。当企业发展到一定阶段，生态供应链是一个绕不过去的坎儿，因为只有全渠道供应链打通了，降本增效才能做到极致，也才更能利好消费。各企业已经开始提前布局，走在产业互联网升级及数字化供应链换道的路上。

（资料来源：解密阿迪达斯三大物流中心背后的供应链集成术）

1. 阿迪达斯采用了哪一种销售物流模式？（　　　）
   A. 生产企业自己组织销售物流　　B. 第三方物流企业组织销售物流
   C. 经销商企业自己组织销售物流　　D. 客户自提的形式
2. 下列不属于自建物流系统优点的是（　　　）。
   A. 提高服务品质　　B. 控制物流成本
   C. 物流专业化程度有限　　D. 客户信息反馈速度快
3. 当企业发展到一定阶段，下列哪一个选项将成为绕不过去的坎儿？（　　　）
   A. 生态供应链　　B. 绿色物流
   C. 质量管理　　D. 客户服务

## 拓展阅读

### 疫情之下的零售业：得物流者得天下

10 年前，若问中国的人口优势最多体现在哪一个行业？那一定是房地产开发，或者电子产品代工。

如今再问这个问题，答案毫无疑问——物流。如果你之前还怀疑这个答案，那么在经过今年春节后，一定也信了。

"懒人"经济，最初是调侃当代年轻宅一族吃、穿、玩等消费全部通过网络完成的。如今疫情来临，为避免疫情传播减少外出，再勤劳的人也都成了"懒人"。当所有人都变成"懒人"，"懒人"经济就爆发了。

各大平台数据证实，今年春节电商购物尤其是到家业务暴涨。苏宁易购主站流量同比攀升 50%，到家业务规模同比增长近 4 倍；依托苏宁小店的苏宁菜场的春节订单量达到平常订单量的 3～5 倍，销售规模较去年同比增长超过 50%；家乐福春节期间到家订单增长 300%，而蔬菜订单量同比增长 600%。

其他平台也是如此。盒马鲜生今年春节期间的订单量总体比平时增加近 5 成；京东生鲜的春节销售额同比增长 215%；饿了么北京外卖买菜订单量同比增长 9 倍。

增长的原因大家都了解，疫情期间因减少外出聚集，自然都选择网上购物。网上购物减少了病毒传播的机会，但送货能力又面临新的挑战。疫情期间很多第三方快递公司要么放假歇业，要么涨价，要么延长运输时间，运输效率难以保障。此时，自营物流的优势凸显出来。很多消费者在网络上选择安全、放心的电商平台自营商品，并且一定要在效率上有保障的自营物流。

在早年的电商企业竞争中，阿里巴巴对物流环节并不重视，这让它的平台商户服务常常遭到诟病。意识到问题的严重性后，阿里巴巴通过建设菜鸟网络，逐渐补齐了这块短板。

与阿里巴巴相比，苏宁、京东的一个核心竞争优势都是自营物流。以苏宁为例，经过二十多年大力投入，苏宁的自营物流已经具备雄厚实力。截至 2019 年年底，苏宁物流全国仓储面积 1105 万平方米，"当日达"服务覆盖全国 78 城，"次日达"服务覆盖 317 城，冷链服务覆盖 270 城，并与家乐福共同推动"快拣仓"升级，有力地支撑了苏宁物流的即时配送。

苏宁强大的物流能力，在疫情的关键时刻发挥了重要作用。2020 年 1 月 25 日，苏宁物流开通抗疫物资绿色通道，一周时间便紧急运送抗疫物资 360 吨，为支援武汉抗疫工作立下汗马功劳。

2020 年 2 月 7 日，国家发展改革委官方微信公众号发布消息：近日，国家发展改革委、商务部协调苏宁控股集团向湖北捐赠 400 吨蔬菜、3.6 万枚鸡蛋等生活物资。目前，苏宁控股集团正在抓紧安排捐赠物资运输，第一批捐赠蔬菜已于 2 月 6 日晚间运抵湖北。

国家发展改革委表示，抗疫关键时刻，苏宁、顺丰、菜鸟等骨干物流企业纷纷请战、主动担当、甘于奉献，通过强化应急物流资源支撑、开通援助物资绿色通道、参与一线防疫物资保供、加强境外捐赠物资运输保障、加大居民生活物资供应等措施，在保障湖北省和其他地区城市医疗和生活物资供应中发挥了重要作用。

**疫情期间"无接触配送"**

在保障城市供给方面，物流与零售场景相结合能更大限度地提升配送效率。例如，苏宁小店和家乐福推出"一小时场景生活圈"服务，可以在门店三千米范围内一小时到货，大大减少消费者收货等待时间，弥补了电商购物送货时间长的短板。

物流体系的建设不是一朝一夕能完成的，需要长期的高额投入。据了解，2020 年苏宁将对科技物流领域进行不少于 400 亿元人民币的投资，可见其对自营物流的重视程度。

阿里巴巴在物流方面也将继续加大投入。2019 年下半年，阿里巴巴宣布完成对菜鸟网络的新一轮增资。为持续加大智慧物流投入，强化商业操作系统物流基础设施，阿里巴巴通过增资和购买老股的方式，向菜鸟网络投入 233 亿元人民币，持有菜鸟股权从约 51% 增加到约 63%。

疫情期间，人们网购行为增多，配送需求暴涨，为物流业的表现和发展创造了机会，物流成为零售的命脉。可以这样说，现阶段的零售业，得物流者得天下。

（资料来源：新浪重庆）

## 任务五 认识回收物流与废弃物物流

### 温故知新

**一、单项选择题（从每小题给出的四个备选答案中选出一个正确答案，并将所选答案的字母填在括号内）**

1. 企业在生产、供应、销售的活动中总会产生各种边角余料和废料，可以通过回收、分类、再制等形式加以利用，这类物质的流动形成了（　　）。
    A. 供应物流　　　B. 生产物流　　　C. 销售物流　　　D. 回收物流

2. 回收复用物流技术主要是以下列哪个选项为代表？（　　）
    A. 废玻璃瓶　　　B. 废纸　　　C. 粉煤灰　　　D. 报废汽车

3. 下列哪个选项主要采用拆解及破碎分选物流技术进行回收？（　　）
    A. 废玻璃瓶　　　B. 废纸　　　C. 粉煤灰　　　D. 报废汽车

4. 下列哪个选项为代表的联产供应物流技术，是通过管道直接运送供应给生产企业进行加工处理的？（　　）
    A. 废玻璃瓶　　　B. 废纸　　　C. 粉煤灰　　　D. 报废汽车

5. 在远离城市地区的沟、坑、塘和谷中，选择合适位置直接倾倒垃圾，这是采用了下列哪一种方式进行的废弃物处理？（　　）
    A. 垃圾堆放　　　　　　　　B. 垃圾掩埋
    C. 垃圾焚烧　　　　　　　　D. 通过加工处理进行净化

6. 下列哪一种方式是指在一定的地方用高温焚烧垃圾以减少垃圾量，防止污染及病菌、整虫滋生的？（　　）
    A. 垃圾堆放　　　　　　　　B. 垃圾掩埋
    C. 垃圾焚烧　　　　　　　　D. 通过加工处理进行净化

7. 对回收物流和废弃物物流的管理不能仅着眼于经济利益，还必须更多地考虑（　　）。
    A. 企业利益　　　B. 社会利益　　　C. 个人利益　　　D. 人类利益

8. 下列哪个选项不是回收物流与废弃物物流的特点？（　　）
    A. 物流数量大　　　　　　　B. 物流对象种类少
    C. 物流粗放　　　　　　　　D. 物流路程短

9. 如果不能有效地解决下列哪个选项的物流问题，就会对环境造成严重的负面影响？（　　）
    A. 原材料　　　B. 半成品　　　C. 产成品　　　D. 回收及废弃物

10. 通过加工处理进行净化的技术，一般是对垃圾尤其是对下列哪个选项进行净化处理，可以减少对环境的危害？（　　）
    A. 废水　　　B. 废玻璃　　　C. 医疗废弃物　　　D. 废纸

## 二、多项选择题（下列每小题给出的四个选项中，至少有两个选项是符合题目要求的，请将所选答案的字母填在括号内）

1. 下列属于废弃物的是（　　　）。
   A. 工业废水　　　B. 废弃电脑　　　C. 废弃电池　　　D. 待维修的洗衣机
2. 企业在下列哪些活动中总会产生各种边角余料和废料？（　　　）
   A. 采购　　　　　B. 生产　　　　　C. 供应　　　　　D. 销售
3. 回收物流与废弃物物流合理化的意义是（　　　）。
   A. 经济意义　　　B. 自然意义　　　C. 社会意义　　　D. 文化意义
4. 要求不高的物质可在哪些方面采取粗放的物流方式以降低物流成本？（　　　）
   A. 纯度　　　　　B. 精度　　　　　C. 质量　　　　　D. 外观
5. 回收物流合理化原则包括（　　　）。
   A. 供应链思想　　　　　　　　　B. 社会大循环的思想
   C. 符合中国国情　　　　　　　　D. 法律规范的意识

## 三、判断题（正确的打"√"，错误的打"×"）

1. 废弃物对企业已没有再利用的价值，如果不加以妥善处理，就会妨碍生产，甚至造成环境污染。（　　　）
2. 废弃物物流重新进入生产领域作为原材料，无疑会降低企业的经营成本，可以为企业带来很高的经济效益。（　　　）
3. 回收及废弃物物流是物流系统的一个重要子系统。（　　　）
4. 几乎所有的生产企业、消费过程和流通领域都可能产生回收和废弃物，几乎每一道工序、每一阶段的生产过程都产生回收和废弃物。（　　　）
5. 物流费用承受能力低、数量大、主要使用价值已近耗尽等因素都决定了回收及废弃物的就地利用性质，因而其物流路程很长。（　　　）

## 四、填空题

1. Waste Material Logistics 的中文翻译是（　　　　　　）。
2. （　　　　　　）是指不合格物品的返修、退货，以及产品使用的包装容器从需方返回到供方所形成的物品实体流动。
3. 当前社会最关心的问题之一就是环境问题，而导致环境污染的最根本原因是（　　　　　　）。
4. 回收物流是一个（　　　　　　）的工作，需要社会各类企业间的相互合作才能达到合理性的最大化，这种合作就体现为一种（　　　　　　）的思想。

## 五、简答题

1. 什么是废弃物物流？

2. 回收物流与废弃物物流的特点是什么？

## 六、案例题

### （一）案例分析题

**请阅读案例，并根据案例回答第 1~2 小题。第 1~2 小题均为简答题。**

网购出现后迅速改变了人们的购物方式，并带来了快递行业的高速发展，但同时带来的还有快递包装垃圾污染问题。相关数据显示，2016 年我国快递 313 亿件，平均每人 20 多件。快递业一年需要 120 亿个塑料袋、247 亿米的封箱胶带（其长度可绕地球赤道几百圈），以及大量的编织袋、塑料袋、封套、包装箱、内部缓冲物等。数量巨大的快递包装废弃物绝大部分被直接送进垃圾场填埋或焚烧，而像这样作为垃圾简单地处理掉，不仅耗费大量原材料，还污染环境。

快递业使用的包装物料分为运单、封套、纸箱、塑料袋、编织袋、胶带和缓冲物七大类。我国纸箱使用量约占快递总业务量的 50%、塑料袋约占 40%。

有数据表明，有 55.6% 的消费者在拿到快件后便将包装直接丢弃。我国已成为网络购物最发达的国家，但是在物流的整个环节还存在着大量的资源浪费现象。将快递包装进行分类回收再利用，以及减用、限用塑料袋是快递业绿色发展迫在眉睫的选择。

目前快递包装的循环利用率比较低。快递业一年需要 120 亿个塑料袋、247 亿米的封箱胶带，但回收率不足 10%。另外，快递业的快速发展使塑料袋有了继续泛滥的机会。我们现在一方面面临的是不断发展壮大的电商经济刺激，另一方面也面临着快递包装所产生的废弃物回收率不足 10% 的事实。这与快递业迅猛发展的形势及环保的要求相背离。而在一些发达国家，纸板类包装物回收利用率达 45% 左右，塑料类包装物回收率则在 25% 左右。

（资料来源：一年用掉 120 亿个塑料袋 快递业限塑刻不容缓）

1. 案例中，快递业常使用的包装物料有哪些？

2. 结合案例，谈谈对于解决快递包装垃圾污染问题你有什么对策。

### （二）案例选择题

**请阅读案例，并根据案例回答第 1~5 小题。第 1~5 小题均为单项选择题。**

2019 年 4 月，"青城计划"正式在无锡落地，结合地区特色，苏宁物流升级了一系列绿色举措。其中，依托苏宁小店上线的快递包装社区回收站，让快递包装二次利用率超过 30%。目前，超过 50% 的无锡苏宁小店已经完成社区回收站的投放。在上海、太原等地，社区回收站还成为城市实行垃圾分类的重要末端回收设施，得到了当地市民的大力支持。

在"双十一"前，苏宁物流"青城计划"继续扩张，从单个城市试点向绿色城市群发展，从包装、回收等单一维度向全链路绿色发展，从局部应用向规模化、常态化发展。新增的 20 万只共享快递盒主要应用于 3C 类商品的包装。和生鲜循环箱的运营模式类似，共享快递盒的运营模式是从仓储包装到上门配送，然后由快递员带回或用户自行投递到附近的苏宁小店社区回收站。

苏宁物流从 2014 年正式启动绿色物流探索，从包装回收、电子面单、3D 装箱到共享快递盒等进行了一系列的举措，引领着本行业在绿色物流领域的应用和思考。截至目前，苏宁物流、天天快递全国范围内电子面单普及率接近 100%；胶带减宽、填充物减量等绿色减量化包装实现 100% 覆盖；共享快递盒作为苏宁物流绿色循环包装的创新标杆产品，在过去一年，投放使用累计超过 1 亿次，节约的胶带可绕地球 3.74 圈。此外，生鲜循环箱也在 45 个城市实现常态化运用，每天节省的泡沫箱超过 5 万个。

绿色可循环正在成为快递行业的新课题。数据显示，2019 年中国快递业务量有望突破 600 亿件。国家邮政局大力实施的"9571 工程"，即到 2019 年年底电子运单使用率达到 90%、50% 以上电商快件不再二次包装、循环中转袋使用率达到 70%、在全国快递营业网点设置 1 万个回收箱。苏宁物流"青城计划"积极落实"9571 工程"，为快递行业绿色包装破题。

（资料来源：双十一 11 城 苏宁物流启动"青城计划"绿色城市群建设）

1. 案例中，苏宁物流实施的"青城计划"属于（　　　　）。
    A. 生产物流　　　　B. 销售物流　　　　C. 回收物流　　　　D. 废弃物流
2. 案例中的共享快递盒主要应用于下列哪一类产品的包装？（　　　　）
    A. 3C 类商品　　　B. 生鲜水果　　　　C. 家用电器类　　　D. 服饰鞋帽
3. 苏宁物流是从哪一年开始探索绿色物流的？（　　　　）
    A. 2013 年　　　　B. 2014 年　　　　C. 2015 年　　　　D. 2016 年
4. 国家邮政局大力实施的"9571 工程"，是指到 2019 年年底电子运单使用率达到（　　　　）。
    A. 92%　　　　　　B. 93%　　　　　　C. 94%　　　　　　D. 90%
5. 下列哪个选项不属于绿色物流的范畴？（　　　　）
    A. 绿色运输　　　　B. 绿色仓储　　　　C. 包装过度　　　　D. 集约资源

## ◈ 拓展阅读

### 电商联手品牌商，绿色物流走向"深水区"

一方面纸箱价格节节攀升，另一方面快递包装污染的关注度与日俱增，在这双重因素作用下，行业企业开始加速推进绿色物流建设。2018 年 6 月 25 日，《北京商报》记者了解到，天猫商城（以下简称"天猫"）与欧莱雅公司（以下简称"欧莱雅"）于日前签署了绿色新零售合作意向。双方表示将优化快递箱及内部填充物的设计和材料，目的是减少包装流通过程中对环境带来的影响。

实际上，此前包括阿里巴巴、京东及苏宁等零售巨头均已投入可循环、去胶带的快递包装以替代传统的快递纸箱。从分析来看，电商企业从联手产业链下游的物流企业转变到联手产业链上游的品牌商，意味着其正尝试打通全链条实现绿色化物流。

### 绿色物流向产业链上游延展

1 天 1 亿件的快递量不但让分拣配送压力陡增，包裹流通带来的环境污染也越发严重。对此，天猫与欧莱雅计划将优化快递箱及内部填充物的设计和材料的计划逐渐覆盖至欧莱雅旗下所有品牌。据悉，在双方计划推行的一年中，欧莱雅旗下的乔治·阿玛尼、圣罗兰、科颜氏、羽西等品牌已使用了超过 300 万只绿色环保包装。

在推进绿色物流计划的过程中，电商企业、物流企业和品牌商已形成联动效应，如可降解绿色包裹、环保拉链式纸箱、清流箱、共享快递盒等已被电商与物流企业投入到末端打包环节。此外，在与品牌商的联动上，苏宁从 2017 年年底陆续投入可循环回收的共享快递盒代替常用纸箱至今，也已与 1000 多个品牌联手建立绿色产业联盟。

快递行业分析师丁威表示，在推广可降解材质的快递包装箱方面，从电商企业联手产业链下游的传统物流企业到前者与产业链上游的品牌商合作的改变表明，电商企业已经意识到只有将上游和下游打通才能实现物流的绿色化。

### 社会与经济效益双向提升

无论是因快递包装带来的环境污染，还是快递纸箱成本不断提升，都促使了电商企业加速推进绿色物流建设。据悉，受原纸近期价格上涨影响，2018 年 6 月下旬起，纸箱原纸市场又迎来新一轮涨价潮，而这已是从 2017 年 7 月至今，原纸价格的第三次上扬。卢氏县丝瓜甸农业科技有限公司总经理田建坡告诉《北京商报》记者，同等规格的纸箱价格已经在一年内上涨了 20%～30%。

另一位在多家电商平台销售洗护商品的商家表示，快递箱成本上涨带来的压力仅是一部分，封箱所用的胶带及防止商品在运输过程中因碰撞受损填充的纸张、充气袋均是不小的支出，且两者的污染程度远高于纸箱。

电商企业考虑社会与经济的双重效益，围绕着减本增效的"清流计""漂流瓶""绿色物流"等词汇不断升温和发酵。天猫落地的拉链式纸箱就无须使用塑料。天猫的"改良对口箱"正在杭州萧山大仓进行测试，该产品的投入使用最多可减少 30% 的纸浆用量。据了解，京东采用了新型两层物流标签、生物降解快递袋等新材料，其中使用新型两层物流标签后，每年可减少 700 吨纸张的使用，而大规模使用可降解包装袋，每年可淘汰近百亿个传统塑料袋。

### 降低成本需形成规模效应

在商业巨头推进快递包装改革的路上，降低不可降解材料的耗损已成行业共同的目标。菜鸟网络称，已联合德邦、天天、百世等快递公司投放近 50 万个环保快递袋，覆盖杭州及厦门主要区域。仅 2017 年 12 月，苏宁 2.0 版共享快递盒节约了 3.3 亿卷胶带的"零胶纸箱"，而自动化气泡包装箱相较于传统包装箱减少了 42% 的不可降解材料的消耗。

在丁威看来，品牌商是快递纸箱和快递袋子的主要使用者，下游的物流企业主要使用胶带、填充物等辅料。因此，电商企业应向品牌商推广可降解、绿色环保的包装箱，而与物流企业的合作主要集中在减少快递辅料的使用方面。

实际上，可降解材料的投入和使用在短期内会增加物流企业的成本，消费者也可能要为上涨的成本买单。最终应当由谁来为环保包装投入的成本买单，是电商企业在推动快递包装改革时需要思考的问题。丁威强调，物流企业采用环保材质的包装箱，短期内会承担较高的成本压力，但当品牌商参与进来后将可相应降低企业的成本投入。

（资料来源：北京商报）

任务六 认识冷链物流

## 温故知新

### 一、单项选择题（从每小题给出的四个备选答案中选出一个正确答案，并将所选答案的字母填在括号内）

1. 冷链物流的英文全称是（    ）。
   A. Production Logistics
   B. Supply Logistics
   C. Distribution Logistics
   D. Cold Chain Logistics
2. 下列哪个选项属于特殊商品？（    ）
   A. 蔬菜　　　B. 药品　　　C. 肉制品　　　D. 花卉
3. 包装熟食属于（    ）。
   A. 初级农产品　　B. 高级农产品　　C. 加工食品　　D. 特殊商品
4. 下列哪个选项涉及制冷技术、保温技术、温湿度检测、信息系统和产品变化机理研究等技术？（    ）
   A. 冷链物流　　B. 生产物流　　C. 回收物流　　D. 销售物流
5. 冷链物流要保证下列哪一种食品在生产、贮藏、运输、销售到消费前的各个环节始终处于规定的低温环境下？（    ）
   A. 方便食品类　　B. 调味品类　　C. 冷藏冷冻类　　D. 粮食加工品
6. 下列哪个选项是冷链物流的特点？（    ）
   A. 时效性　　B. 简单性　　C. 低成本　　D. 门槛低
7. 下列哪个选项是冷链物流中第三方物流配送模式的特征？（    ）
   A. 商品品质把控能力强
   B. 配送质量无法把控
   C. 配送时间有保障
   D. 低损耗、低退货率
8. 下列哪个公司采用了自建物流与第三方物流相结合的冷链物流配送模式？（    ）
   A. 易果生鲜　　B. 中粮我买网　　C. 一米鲜　　D. 天天果园
9. 下列哪个公司的冷链物流业务目前布局最为完备？（    ）
   A. 顺丰速运　　B. 圆通速递　　C. 中通快递　　D. 申通快递
10. 下列哪个公司仅提供"优鲜送"业务，主要针对生鲜、水果等具有较高时效及安全要求的产品？（    ）
   A. 圆通速递　　B. 中通快递　　C. 韵达快递　　D. 申通快递

## 二、多项选择题（下列每小题给出的四个选项中，至少有两个选项是符合题目要求的，请将所选答案的字母填在括号内）

1. 下列哪些产品属于加工食品？（　　　）
   A. 速冻食品　　　　B. 冰激凌　　　　C. 奶制品　　　　D. 快餐原料
2. 冷链物流的特点有哪些？（　　　）
   A. 时效性　　　　B. 复杂性　　　　C. 低成本性　　　　D. 高成本性
3. 下列哪些企业的冷链物流属于第三方物流配送模式？（　　　）
   A. 易果生鲜　　　B. 本来生活　　　C. 天天果园　　　D. 一米鲜
4. 在冷链物流配送模式中，自建物流配送模式具有下列哪些特征？（　　　）
   A. 高损耗、高退货率　　　　　　　B. 标准化的仓储运作模式
   C. 配送时间有保障　　　　　　　　D. 商品品质把控能力强
5. 圆通速递推出"圆通冷运"，其主要产品包括（　　　）。
   A. 冷链仓储服务　　　　　　　　　B. B2B 同城低温运输
   C. B2C 同城低温宅配　　　　　　　D. C2C 同城低温配送

## 三、判断题（正确的打"√"，错误的打"×"）

1. 蔬菜、水果、速冻肉、禽、蛋、水产品都属于初级农产品。（　　　）
2. 冷链物流只对时间、品质、温度、湿度方面有特殊要求，作业较为复杂。（　　　）
3. 冷链物流资本回收期较长，不是一般的企业所能承担的。（　　　）
4. 在冷链物流的第三方物流配送模式下，企业不需要自建仓储、配送中心，可以节约成本。（　　　）
5. 目前，在冷链物流业务方面，韵达快递、百世快递、圆通速递均未进行布局。（　　　）

## 四、填空题

1. Cold Chain Logistics 的中文翻译是（　　　　　　）。
2. 冷链物流是以（　　　　　　）为基础、以（　　　　　　）为手段的低温物流过程。
3. 冷链物流适用于初级农产品、（　　　　　　）和（　　　　　　）。
4. 由于冷链物流承载的产品一般易腐或不易储藏，因此要求冷链物流必须迅速完成作业，保证（　　　　　　）。

## 五、简答题

1. 什么是冷链物流？



2. 冷链物流的配送模式有哪些？

## 六、案例题

### （一）案例分析题

**请阅读案例，并根据案例回答第 1~3 小题。第 1~3 小题均为简答题。**

周口市黄淮物流港农产品批发市场位于河南省周口市太昊路以南、中原路两侧，总占地 800 亩，规划建筑面积 50 万平方米，总投资 8 亿元人民币，是一个集蔬菜、瓜果、水产、肉禽、干鲜、粮油、副食等业态为一体的综合性农产品集散批发市场。

通过市场调研，近几年由于国家政策引导，各地兴建的冷库比较多，如何有效利用冷库空间，精细化管理冷库商品，实现冷库效益最大化，同时最大限度降低农产品流通环节成本费用是农产品批发市场冷库市场发展的关键所在。农产品批发市场冷库面临的几个主要问题包括冷库空间利用率低；运营作业环境差，商品管理难度大；市场冷库外包，运营安全得不到保障；使用大量劳动力，运营管理和存储成本大。

周口市黄淮物流港农产品批发市场根据所面临的实际问题，经过多次全方位论证，最终系统采用如下业务流程，以实现业务需求。

（1）开户。

客户签订开户协议，办理商户卡。

（2）入库。

仓管员通过扫码录入信息、选定仓位（每个仓位都有固定编号）、确认信息等将商户的商品信息传到后台，期间有装卸工、叉车司机和穿梭车司机配合，大大提高入库效率。

装卸工在库外用手持机扫描托盘标签录入商品信息、选择仓位发送到后台。

叉车司机叉货进库、选定指定货位，穿梭车司机将货托运到指定位置。

（3）仓库管理。

系统设置货物盘点、货位管理、调仓、报表导出等功能，系统可以打开每个库房的平面图（一个货位为一个单元格），可以直观查看每个库房的利用情况。

（4）按指令出库。

当客户需要出库时，只需到后台刷出要出库的货品。仓管员（每位仓管员配置一台手持机）接到货物信息和位置信息后，安排叉车司机入库取货，并托运到指定位置装货。

（5）票据打印。

入库结束和出库登记时，系统自动打印一式两联票据，实现货物快速入、出转换。

（资料来源：周口市黄淮物流港农产品批发市场有限公司：冷链物流中心智能仓储管理系统）

1. 结合案例谈谈农产品批发市场冷库面临哪些主要问题。

2. 案例中农产品批发市场冷库采用了什么样的业务流程？

3. 请谈谈案例中这套系统给农产品批发市场冷库带来了哪些效益。

### （二）案例选择题

**请阅读案例，并根据案例回答第 1~3 小题。第 1~3 小题为不定项选择题。**

目前，雨润集团已在全国九大物流区域中的六大区域、重要节点城市，建立以大型物流中心为轴心的农副产品物流网络体系，已基本形成东北、华北、西北、西南、华中、长三角区等物流区域的战略布局。

雨润集团在成都、西安、沈阳等城市开工建设规模宏大的农副产品全球采购中心，目前均已投入运营。这些项目都是集展示交易、加工仓储、物流配送、综合服务、商业配套五大功能街区于一体的。

雨润集团同时也在地级市及以下城市投资建设农副产品物流配送中心，如在黑龙江省东宁市绥阳镇建成黑木耳进出口交易中心（该中心已成为东北乃至全国最大的黑木耳进出口批发基地与交易平台）。而其他地级市的特色农副产品物流配送中心也正在规划、建设和运营当中。

雨润集团表示，最终要创建中国第五代农副产品交易市场——以农副产品全球采配中心为载体，在技术、管理、供需关系、平台建设、交易方式等方面全面升级，实现跨时间交易、跨地区配送。

而这逐级延伸的农副产品物流产业链条又是雨润集团培育"绿色"农副产品生产基地的一环。如果说打造全产业链是让一端连接普通老百姓的餐桌，另一端连接种植户的田间地头，在整条产业链把控食品质量与安全，那么，培育多个绿色有机、无公害农副产品标准化生产基地，则是大力开发、整合、调动农户资源，推广农产品规模化种植、标准化生产，最终提高农产品质量。

为此，雨润集团还引入了"公司+政府+基地+农民合作社"的新型模式，不仅开发了全国农产品资源管理系统、全国农产品实时交易系统、全国农产品物流配送系统、全国农产品资金结算系统这四大信息系统，为全产业链条中的使用者提供市场分析、供求信息、价格发布、电子结算等信息服务，还通过信息服务网络化构筑绿色农产品质量安全市场准入防火墙。这些举措，最终要保障消费者餐桌上的雨润食品是安全、有品质的。

（资料来源：雨润农产品大物流 一站式连接百姓餐桌）

1. 雨润集团在地级市及以下城市投资建设的农副产品物流配送，属于下列哪一种类型的物流？（ ）

    A. 供应物流       B. 生产物流       C. 销售物流       D. 冷链物流

2. 该案例中的物流配送属于哪一种配送模式？（ ）

    A. 自建物流                    B. 第三方物流

    C. 自建物流与第三方物流      D. 第四方物流

3. 雨润集团在引入"公司+政府+基地+农民合作社"的新型模式后，开发了哪些信息系统？（　　　）

  A. 全国农产品资源管理系统   B. 全国农产品实时交易系统

  C. 全国农产品物流配送系统   D. 全国农产品资金结算系统

## ◇ 拓展阅读

### 日本冷链物流发展研究

  日本的农产品冷链物流起步于20世纪70年代初，经过40多年的发展，日本已经构建起从生产端到消费端的一整条完整的冷链物流系统，形成了比较完备的体系，发展趋于成熟。日本冷链物流在技术、设备系统、运营管理、市场成熟度方面都处于世界领先水平，日本农产品冷藏流通率达95%，农产品运输腐坏率低于5%，生鲜农产品的运输成本只占整个农产品销售成本的30%左右。日本的冷链物流特别之处在哪儿？让我们一探究竟。

**温度带严格划分**

  《日本冷库法》规定，冷库温度带有4种分类方法，以7等级温度带的分类方法为主：按照冷库温度的不同，日本把冷库分为C3级、C2级、C1级、F1级、F2级、F3级、F4级这7个等级。目前，日本冷库85%以上为F级冷库，并且以F1级冷库最多，而C级冷库中又以C3级冷库居多。日本冷库存储商品7等级温度带的划分如下表所示。

**日本冷库存储商品7等级温度带的划分**

| 序　号 | 等　级 | 温　度　带 | 可储存商品 |
|---|---|---|---|
| 1 | C3级 | +10℃～-2℃ | 腌菜、牛奶、鱼类肉类加工品、鸡蛋、生鱼、芝士、水果、调料 |
| 2 | C2级 | -2℃～-10℃ | 鲜鱼类、生肉类、乳制品、咸鱼、干鱼 |
| 3 | C1级 | -10℃～-20℃ | 冷冻面包、冷冻鱼类、加工肉类 |
| 4 | F1级 | -20℃～-30℃ | 一般冰激凌、黄油、冷冻食品、冷冻肉类、冷冻蔬菜 |
| 5 | F2级 | -30℃～-40℃ | 高级冰激凌 |
| 6 | F3级 | -40℃～-50℃ | 一般金枪鱼、一般生鱼片 |
| 7 | F4级 | -50℃以下 | 高级金枪鱼、高级生鱼片 |

资料来源：日本冷库协会《冷库的诸统计》

  针对货品性质，冷链物流企业分为冷冻、冷藏、恒温3个温度带进行分装配送。冷冻运输车辆温控在-18℃～-22℃，运送如速冻食品、肉类、水产类、雪糕、冰激凌等货物；冷藏运输车辆温控在0℃～7℃，运送如水果、蔬菜、饮料、鲜奶制品、熟食制品、各类糕点、各种食品原料等货物；恒温运输车辆温控在18℃～22℃，运送如巧克力、糖果等货物。

**双"车"保驾护航**

  日本冷链物流企业在低温状态下运输货物时，分别采用冷冻车和保冷车运送不同性质的货物。冷冻车搭载的货架装有隔热结构装置和制冷剂，一般采用机械冷冻方法对货物进行冷却。运输过程中，冷冻车中或货物内安装记录器并实时监测温度，当温度发生大幅度变化时，工作人员能够通过记录器判断故障发生的时间和原因。保冷车则不使用制冷装置，完全依靠由特殊材料制造的车体来保持低温，并安装全球定位系统和信息通信装置，发送车辆行驶位置和车门开关过程等数据。

**高性能包装材料**

由于冷藏食品的特性，日本冷链物流企业广泛使用绝热性能和保护性能高的包装材料。运输包装的材料或容器不仅被要求保持清洁、无污染和无异味，而且还要具备一定的保护性和绝热性，这样才能在装卸、运输和储存时避免内部的食品受到损伤。例如，日本在樱桃、桃、草莓等易碰伤水果的包装上广泛使用缓冲材料，并使用特制的保鲜箱，吸收水果散发的乙烯成分，控制水果过熟。此外，配合冷藏运输，有时需要使用泡沫塑料包装，在包装内加制冷剂。日本还采用可多次循环使用的运输容器从而有效提高运输效率，降低运输成本。日本在农产品运输上广泛使用标准尺寸的折叠式运输箱，运输时可叠加摆放，卸货后可折叠起来不占用运输空间，且可多次循环使用。

**精细化冷库管理**

在冷链物流链条中，仓储尤为关键。目前，日本冷库数量超过 3000 座，冷库容积达 4000 多万立方米。日本的冷库按使用性质划分，可分为营业用冷库和自营冷库。冷链物流企业自用冷库比例较小，大部分为营业用的公共冷库。营业用冷库数量占全部冷库数量的 57.6%，冷库容积占全部冷库容积的 88%。日本冷库拥有较高的专业技术水平和先进的专业设施，从而保证集约化、高效化的冷链物流管理。由于日本冷链物流系统的不断优化，近年来日本在库商品的滞留时间明显减少，冷链食品的周转速度不断提高，货物年间周转数已超过 6 次。日本冷库的结构大多是多层结构，以 3~5 层、每层 5~7 米层高为主，并根据储存商品和客户的不同需求，实行梯级温度设置。日本冷库一般都包括存储区、流通加工区等基本功能分区，同时根据客户的需求，还有预冷区、解冻区等特殊功能分区。在流程设计上，为确保作业环节的连续性和合理性，全程都需实行无缝式冷链管理，尤其在容易出现断链的冷库作业环节，通过冷藏车车厢与冷库装车站台的无缝衔接，既避免了冷链的断链，又提高了货物装卸效率。企业还根据货物是否有气味，以及其他商品特性进行分类处理，如根据原料的色泽、气味、水分、保质期等特性，进行科学分类储存，杜绝交叉污染。

**机械化全程操作**

日本在农产品冷链物流的全程作业过程中充分运用其科技实力打造了高度机械化、自动化的运营设施。企业的冷链物流作业中，铲车、叉车、货物升降机、传送带等机械的应用程度较高；仓储环节中，自动化立体仓库在实际操作过程中完全采用机器设备进行生鲜产品的存取；配送中心的分拣设施、拼装作业安排犹如生产企业的生产流水线一样，配套机电一体化控制系统、计算机管理系统、数码分拣系统，不但解决了劳动力不足的问题，而且降低了分拣错误率、提高了物流企业的工作效率、降低了成本。此外，广泛使用电子数据交换系统，提高了信息在国家间传输的速度和准确性，使企业降低了单据处理成本、人事成本、库存成本和差错成本，改善了企业和顾客的关系，提高了企业的国际竞争力。

**信息化广泛使用**

为了进一步提高冷链物流信息化运作效率，日本政府开展了一系列冷链物流信息化政策方面的改革，其目的是进一步放宽对冷链物流信息化的规制，使其完全按照市场运作的规律更加富有活力地发展。除此之外，日本政府还着手进行冷链物流信息化系统的技术升级，在物流信息化建设上投入了大量资金，使物流信息化技术在日本冷链物流企业得到广泛使用，不仅降低了信息不对称性，改善了顾客和企业之间的关系，而且有利于企业对整个运输过程进行监督和管理。电子数据交换系统在日本的物流企业中得到了广泛应用，不仅规范了物流信息处理程序，提高了物流信息的可靠性，还简化了订货或者存货的过程，加速冷链物流企业与客户之间的交易流程；在信息化库存管理上，由于进行了与农产品生产企业良好的需求预测和生产衔接，因此从未出现过断货现象，从而使日本冷链物流信息化始终保持快速运行；在配送业务上，日本的冷链物流运输车辆上一般安装有全球定位系统和信息通信装置，从而为送货车设定合理的冷链物流配送路线，企业和客户不仅可以实时掌握实际配送路线和在每一个零售客户停留的时间、车门开关过程等数据，而且有利于对送货员的管理监督，提高配送效率。

**一体化物流中心**

近几年日本一些物流企业开始发展集加工、包装、配送为一体的新物流中心，不仅具有充实的运输配送功能、良好的流通加工能力、最新的避震设施及安全设备，而且与周边城市形成良好的交通，为客户提供了一站式精细服务、辐射区域范围的配送需求。除作为物流中心的功能外，食品加工流通中心的功能也是运营的特色之一。物流中心为商家提供如包装、冻品解冻、急冻食品等增值服务，满足不同温区产品的精细化要求。

（资料来源：中国农业大学农业规划科学研究所）

# 项目五
## 走进第三方物流

Third Party
3PL
Logistics

## 任务一 认识第三方物流

### 温故知新

**一、单项选择题（从每小题给出的四个备选答案中选出一个正确答案，并将所选答案的字母填在括号内）**

1. 第三方物流的物流活动由谁承担？（　　　）
   A. 供方　　　　　B. 需方　　　　　C. 第三方　　　　　D. 任何一方

2. 第三方物流又称为（　　　）。
   A. 合同物流　　　B. 联盟物流　　　C. 精益物流　　　D. 合作物流

3. 下列哪项不属于第三方物流产生的原因？（　　　）
   A. 社会分工　　　　　　　　　　B. 信息技术的发展
   C. 经济自由化与贸易全球化　　　D. 看板管理

4. 第三方物流产生和发展的基本要求是（　　　）。
   A. 具有完善的信息系统　　　　B. 具有系统的物流功能
   C. 具有完备的管理系统　　　　D. 具有良好的企业文化

5. 为了满足第三方物流运行和发展的基本要求，应建立（　　　）。
   A. 自由运输设备　　　　　　　B. 自由仓储设备
   C. 完善的人才培养模式　　　　D. 现代化信息管理系统

6. 与传统储运业相比，第三方物流与货主企业之间的关系是（　　　）。
   A. 零和　　　　　B. 双赢　　　　　C. 共生　　　　　D. 竞争

7. 要求第三方物流服务应按照客户的业务流程来定，体现的是（　　　）。
   A. 关系契约化　　B. 服务个性化　　C. 功能专业化　　D. 管理系统化

8. 自建物流的优点是（　　　）。
   A. 营运成本低　　B. 控制力强　　　C. 经营风险小　　D. 资金压力小

9. 第三方物流企业的利润来源于（　　　）。
   A. 向顾客收取的运输费用　　　B. 开展仓储业务费用
   C. 直接营业费用　　　　　　　D. 物流管理产生的新价值

10. 第一方物流的主要业务是（　　　）。
    A. 采购商品　　　　　　　　　B. 生产和供应商品
    C. 提供专门的物流服务　　　　D. 销售商品

**二、多项选择题（下列每小题给出的四个选项中，至少有两个选项是符合题目要求的，请将所选答案的字母填在括号内）**

1. 第三方物流要求哪些方面必须体现专门化和专业化水平？（　　　）
   A. 物流设计　　　　　　　　　B. 物流技术工具及物流设施

C. 物流操作过程                                     D. 物流管理

2. 对于第三方物流企业来说，其增值空间主要有（          ）。

A. 服务成本差价    B. 剩余索取        C. 增值创造        D. 回避风险

3. 我国第三方物流的形成途径多种多样，但总体上概括起来可分为（          ）。

A. 国有第四方企业                         B. 新兴的民营物流企业

C. 国有物流企业                           D. 外资和中外合资物流

4. 下列关于"第三方物流"的表述，不正确的有（          ）。

A. 第三方物流属于自营物流

B. 第三方物流不能使企业拥有更强的竞争优势

C. 第三方物流不拥有商品，不参与商品的买卖活动

D. 第三方物流不仅拥有商品，而且参与商品的买卖活动

5. 第三方物流可以为企业带来的价值包括（          ）。

A. 使企业实现资源优化配置        B. 使企业投资减少，但风险相对增加

C. 有利于企业进行流程再造        D. 使企业享受降低成本的好处

## 三、判断题（正确的打"√"，错误的打"×"）

1. 第三方物流是综合第一方物流和第二方物流的一类专业物流服务公司或企业。

（          ）

2. 企业能借助第三方物流从根本上改善企业原有的成本、质量、服务水平。（          ）

3. 第三方物流服务的提供商和客户不是竞争对手，而是战略合作伙伴。   （          ）

4. 企业取得整体竞争优势的唯一途径是全方位发展。                 （          ）

5. 第三方物流是相对于"第一方"发货人和"第二方"收货人而言的。    （          ）

## 四、填空题

1. Third Party Logistics 的中文翻译是（                ）。

2. 借助第三方物流，企业对现有的业务流程进行重新思考和再设计，从根本上改善企业原有的（                ）、（                ）、（                ）。

3. 第三方物流发展的基础是（                ）。

4. 第二方物流是（                ）组织的物流活动。

## 五、简答题

1. 什么是第三方物流？

2. 第三方物流有哪些特点？

## 六、案例题

### (一)案例分析题

**请阅读案例,并根据案例回答第1~4小题。第1~4小题均为简答题。**

西南仓储公司是一家地处四川省成都市的国有商业储运公司,随着市场经济的深入发展,原有的业务资源逐渐减少,在企业的生存和发展过程中,也经历了由专业储运公司到非专业储运公司再到专业储运公司的发展历程。

在业务资源和客户资源不足的情况下,这个以仓储为主营业务的企业的仓储服务是有什么就储存什么。以前是以五金交电为主,后来也储存过钢材、水泥和建筑涂料等生产资料。这种经营方式解决了企业仓库的出租问题。那么,这家企业是如何发展区域物流的呢?

第一,专业化。当仓储资源重新得到充分利用的时候,这家企业并没有得到更多利益。经过市场调查和分析研究,这家企业最后确定了立足自己的老本行,发展以家用电器为主的仓储业务。一方面,在家用电器仓储上,加大投入和加强管理,加强与国内外知名家用电器厂商的联系,向这些客户和潜在客户介绍本企业面向家用电器企业的专业化发展方向,吸引家用电器企业进入。另一方面,与原有的非家用电器企业用户协商,建议其转库,同时将自己的非家用电器客户主动介绍给其他同行。

第二,延伸服务。在家用电器的运输和使用过程中会不断出现损坏的家用电器,过去,每家生产商都是自己进行维修,办公场所和人力方面的成本很高。经过协商,在得到大多数生产商认可的情况下,这家企业在库内开始了家用电器的维修业务,既解决了生产商的售后服务实际问题,也节省了维修品往返运输的成本和时间,并分流了企业内部的富余人员。

第三,多样化。除了为用户提供仓储服务,这家企业还为一个最大的客户提供办公服务,即向这个客户的市场销售部门提供办公场所、前店后厂的工作环境,大大提高了客户满意度。

第四,区域性物流配送。经过几年的发展,这家企业经营管理水平不断提高,企业内部的资源得到了充分挖掘,同样,这家企业的仓储资源和其他资源也已经处于饱和状态。资源饱和了,收入的增加从何而来?在国内发展现代物流的形势下,这家企业认识到只有走出库区,走向社会,发展物流,才能提高企业的经济效益,提高企业的实力。发展物流从何处做起?经过调查和分析,这家企业决定从学习入手,向比自己先进的企业学习,逐步进入现代物流领域。经过多方努力,这家企业找到一家第三方物流企业,并在这个第三方物流企业的指导下,通过与几家当地的运输企业合作外包运输,开始了区域内的家用电器物流配送。现在这家企业的家用电器的物流配送已经覆盖了四川省成都市、贵州省和云南省。

(资料来源:物流基础案例分析)

1. 通过对案例进行分析,简述传统物流与现代物流的区别。

2. 为什么当西南仓储公司的仓储资源重新得到充分利用的时候，它却并没有得到更多利益？

3. 通过分析西南仓储公司向现代物流的转变过程，简述其转变成功的关键是什么。

4. 结合本案例，说说中国目前传统物流企业应如何实现向现代物流的转变。

## （二）案例选择题

**请阅读案例，并根据案例回答第 1 ~ 5 小题。第 1 ~ 5 小题均为单项选择题。**

夏晖与麦当劳有着 30 余年的合作，为麦当劳提供一条龙的物流服务，包括生产和质量控制，满足了麦当劳对物流服务的严苛要求。夏晖在台湾的面包厂中，全部采用了统一的自动化生产线。在专门设立的加工中心，物流服务商为麦当劳提供所需的切丝、切片及混合蔬菜服务，并拥有生产区域全程温度自动控制、连续式杀菌及水温自动控制功能的生产线。为满足麦当劳的需求，夏晖斥巨资建立起全国性的服务网络，通过仓储建设、运输设备投资、信息系统的管理来保障麦当劳对食品安全及冷链物流的要求。此外，夏晖还负责为麦当劳上游的蔬果供应商提供咨询服务。

（资料来源：麦当劳的第三方物流|案例+问题）

1. 案例中，夏晖既为麦当劳提供第三方物流服务，同时也是麦当劳的（　　）。
   A. 零售商　　　　　　B. 供应商　　　　　　C. 批发商　　　　　　D. 客户
2. 最早提出第三方物流概念的国家是（　　）。
   A. 美国　　　　　　　B. 日本　　　　　　　C. 英国　　　　　　　D. 德国
3. 夏晖以其高效的信息系统管理来创造价值，这体现了第三方物流的哪个特点？
（　　）
   A. 服务个性化　　B. 关系契约化　　C. 功能专业化　　D. 信息网络化
4. 夏晖与麦当劳之间的关系是（　　）。
   A. 市场交易关系　　　　　　　　　　B. 联盟关系
   C. 纵向一体化　　　　　　　　　　　D. 企业集团的成员关系
5. 麦当劳的供应物流模式是（　　）。
   A. 委托社会销售企业代理供应物流　　B. 委托 3PL 企业代理供应物流模式
   C. 企业自供物流模式　　　　　　　　D. 4PL 物流供应模式

## 拓展阅读

### 逗号科技获得数千万元 A 轮融资　智能决策助力物流企业数字化转型

近日，专注于"智能决策助力物流企业数字化转型"的深圳逗号互联科技有限公司（以下称"逗号科技"）宣布，获得联想创投、投控东海、中集产业基金及深圳吉光等多家机构数千万元的 A 轮融资。

逗号科技团队基于深厚的工业工程背景及对生产制造系统的深入理解，提出了以"智能制造"理论重新解构第三方物流产品及管理的全新理念。其推出的"智联物流云"三方物流智慧数字化运营平台，致力于为物流企业提供一套以项目的视角进行管理、贯穿上游货主和下游运力方、功能覆盖业务全生命周期的解决方案。

投资方表示：目前，国内第三方物流行业体量巨大且服务同质化严重，货主关心的成本控制和全程可视化管理等问题无法得到解决。而三方物流通常采用 TMS、WMS、GPS 工具加上财务软件等割裂的系统进行业务管理，信息化能力严重不足，迫切需要一种轻量级覆盖业务全生命周期的管理系统。逗号科技是行业少有的同时具备"技术能力""落地能力"和"市场洞察及拓展能力"三种能力的科创团队。

逗号科技成立于 2015 年 12 月，2018 年通过国家高新技术企业认证，曾获得平安系、联想创投、盈峰投资等知名投资机构的天使及 Pre-A 轮融资。其创始团队来自香港大学，由"千人计划"专家黄国全教授作为首席科学家，还包括 5 名工业工程专业博士生，在物联网技术、供应链优化等领域有着深厚的学术积淀，曾获香港科技创新署数千万元的科研资助，研究成果在国际学术界获得高度认可。在拥有强大的技术团队基础上，逗号科技引入了多位在物流领域具有 20 年以上经验的行业专家，形成了技术驱动型"产学研"创新团队。

逗号科技通过对三方物流经营现状的深入分析，认为三方物流需要从三个维度进行能力提升。一是内部管理，通过提升精细化的全业务流程管控能力实现降本；二是外部拓展，通过提升多元化业务场景处理能力，实现开源；三是壁垒铸造，提升数据驱动的智能化决策能力，实现增效。

逗号科技联合创始人罗浩博士指出："目前几乎所有三方物流企业都倾向于改名为'供应链管理公司'，但很少有企业能够以供应链的视角去理解三方物流的'产品'是什么，以及如何管理这些产品的'加工''装配'和'交付'"。

第三方物流企业的产品即"物流服务"，该产品由"收、集、寄、分、拨、转、运、接、散、派"等一系列"零件"组成的，而对该产品的采购、调度、组装、交付等一系列环节，完全可借鉴"智能制造"理论的成功实践和管理经验。逗号科技推出的"智联物流云"三方物流智慧数字化运营平台，可视为三方物流行业的"ERP（企业资源管理系统）+MES（制造执行系统）"。

逗号科技推出的"智联物流云"三方物流智慧数字化运营平台在以下三个方面体现了"软、硬、算"的整合优势。

（1）该平台将"物流服务"看作一个实体产品生产的过程，从全生命周期的视角，将商务机会谈判、运力资源挖掘、合同报价、客服接单、配载调度、仓配中转、在途追踪、回单确认和财务结算所有流程以项目工作流的维度进行串联，而非独立的 TMS 和 WMS 功能。

（2）该平台和逗号科技自主研发的一系列智能硬件进行深度整合，包括仓储环节使用的智能可穿戴设备、配送环节使用的常温及冷链追踪设备，实现了现场数据和管理业务流的无缝对接。

（3）该平台提供的强大智能决策算法内核，在仓储拣选规划、配载路径规划等环节通过算法实现快速高效的决策支持，全面缓解复杂的规划决策环节对人员经验的依赖。

截至目前，逗号科技已通过"智联物流云"赋能多家大中型第三方物流企业，业务场景涵盖高端制造、快消品城配、医药冷链城配、航空材料仓配、快递末端前置仓等。不少用户反馈：通过数字化转型、大幅缩减的运营人员成本，提升了企业管理运作效率，同时在招投标阶段明显竞争力强，增加了货主端的客户黏性。对于有融资需求的物流企业，该平台助力其由传统物流企业向科技型物流企业转型，大幅提升了企业在资本市场的价值，并帮助企业成功获得融资，真正践行"智慧物流，科技赋能"的理念。

（资料来源：中国物流与采购网）

# 任务二 认识第三方物流企业

## 温故知新

### 一、单项选择题（从每小题给出的四个备选答案中选出一个正确答案，并将所选答案的字母填在括号内）

1. 第三方物流企业的基础是（    ）。
   A. 信息技术　　　B. 技术人员　　　C. 专业设备　　　D. 增值服务

2. 目前在第三方物流市场上占主导地位的是（    ）。
   A. 从传统仓储、运输、货运代理等企业改造转型而来的第三方物流企业
   B. 从工商企业原有物流服务职能剥离出来的第三方物流企业
   C. 新创办的第三方物流公司
   D. 企业与第三方物流公司联营设立的第三方物流公司

3. 按第三方物流企业资源占有的多少分类，京东物流属于（    ）。
   A. 资产基础型第三方物流公司　　　B. 运输型物流公司
   C. 非资产型第三方物流公司　　　　D. 综合服务型物流公司

4. 青岛日日顺物流自 2013 年由海尔集团内部的物流部门开放转型为社会化的物流平台以来，凭借差异化的商业模式及引领的用户口碑吸引了阿里巴巴、高盛、中投等十余家机构的战略投资。按第三方物流企业的来源构成分类，日日顺物流属于（    ）。
   A. 从传统仓储、运输、货运代理等企业改造转型而来的第三方物流企业
   B. 从工商企业原有物流服务职能剥离出来的第三方物流企业
   C. 企业与第三方物流公司联营设立的第三方物流公司
   D. 能够资源互补的不同部门联手进军物流领域

5. 当工商企业需要物流服务，而其本身又不具备这种能力时，其所需要采取的经营策略是（    ）。

    A. 开展合作经营　　　　　　　　B. 投资增加/新建物流服务

    C. 外购物流服务　　　　　　　　D. 将物流服务转移给客户

  6. 物流企业在市场的竞争中取得并扩大优势的决定力量是（　　　）。

    A. 核心竞争力　　B. 差异化的服务　　C. 低成本的服务　　D. 灵活的运作模式

  7. FedEX 参与电子商务业务的主要身份是（　　　）。

    A. 经营者　　　　B. 制造者　　　　C. 网站经营者　　D. 第三方物流

  8. 为了具有运费优势、省略运输过程管理事务、有效保养企业运输工具，同时减少投资，第三方物流企业应选择（　　　）。

    A. 自用运输　　　B. 运输承包　　　C. 运输代理人　　D. 委托运输中间商

  9. 第三方物流企业的物流运输服务作业的管理工作，必须贯彻执行（　　　）。

    A. 及时、准确、经济、安全　　　　B. 及时、周到、经济、安全

    C. 及时、准确、经济、周到　　　　D. 周到、准确、经济、安全

  10. 下列哪项既属于第三方物流企业的一项基本业务，同时也是供应链上物资实现转移的基本手段？（　　　）

    A. 物流系统设计　　B. 金融服务　　　C. 运输　　　　　D. 流通加工

## 二、多项选择题（下列每小题给出的四个选项中，至少有两个选项是符合题目要求的，请将所选答案的字母填在括号内）

  1. 下列属于按第三方物流企业资本归属分类的有（　　　）。

    A. 外资和中外合资物流企业　　　　B. 民营物流企业

    C. 国有物流企业　　　　　　　　　D. 资产基础性第三方物流企业

  2. 下列第三方物流企业按企业的资本归属分类属于同一种的有（　　　）。

    A. 联邦快递　　　B. 马士基集团　　C. 顺丰速运　　　D. DHL 国际快递

  3. 第三方物流企业按资源占有的多少可以分为（　　　）。

    A. 外资和中外合资物流企业　　　　B. 资产基础型第三方物流公司

    C. 国有物流企业　　　　　　　　　D. 非资产型第三方物流公司

  4. 下列属于第三方物流企业有资产族母体的是（　　　）。

    A. 运输业者　　　B. 货代业者　　　C. 仓库业者　　　D. 策划公司

  5. 联邦快递是国际著名的快递公司，通过全球庞大的货运机群及航班把货件递送至世界各地。联邦快递在第三方物流企业中属于（　　　）。

    A. 资产基础型第三方物流企业　　　B. 以管理为基础的第三方物流企业

    C. 综合第三方物流企业　　　　　　D. 运输型的第三方物流企业

## 三、判断题（正确的打"√"，错误的打"×"）

  1. 第三方物流企业一定要拥有库房、车辆等硬件设施。　　　　　　　　（　　　）

  2. 第三方物流简称 TPL。　　　　　　　　　　　　　　　　　　　　（　　　）

  3. 业务外包是指企业将其核心业务交由合作企业完成。　　　　　　　　（　　　）

  4. 资产基础型第三方物流公司不需要拥有运输、仓储设施设备。　　　　（　　　）

  5. 第三方物流企业是客户的战略同盟者，而非一般的买卖对象。　　　　（　　　）

## 四、填空题

1. 第三方物流企业以根据客户即（　　　　　）的需要，为客户提供多种物流服务的方式进行经营。

2. 传统工商企业对网络的控制方式是（　　　　　）的物流系统。

3. 京东物流以（　　　　　）为使命，致力于成为社会供应链的基础设施。

4. 仓储型物流企业是指以从事（　　　　　）为主，包含其他物流服务活动，具备一定规模的实体企业。

## 五、简答题

1. 什么是第三方物流企业？

2. 第三方物流企业有哪几种分类方式？

## 六、案例题

### （一）案例分析题

**请阅读案例，并根据案例回答第 1～2 小题。第 1～2 小题均为简答题。**

某新成立的第三方物流企业拥有 3 吨普通卡车 50 辆、10 吨普通卡车 30 辆。此外，该物流企业还拥有高级无梁仓库 20 000 平方米，层高 14 米，地处上海市的闵行区（上海最早的经济技术开发区），往西临近松江经济开发区。请比较以下四种市场定位：

（1）上海西部地区的国际货运代理；

（2）企业的第三方物流企业；

（3）车辆外包，仓库出租；

（4）省际运输仓储企业。

（资料来源：物流基础案例分析及答案）

1. 以上四种市场定位中的哪一种比较适合该物流企业？请说明理由。

2. 选择此市场定位后，该物流企业所提供的物流服务能为其他企业带来什么价值？

## （二）案例选择题

**请阅读案例，并根据案例回答第1~5小题。第1~5小题均为单项选择题。**

作为业内领先的专业第三方物流企业，五粮液安吉物流集团公司在数年的发展壮大过程中，成功实现了三次飞跃：1996年4月，从一个汽车队发展成五粮液汽车运输公司，获得了独立的法人地位，成功实现第一次飞跃；2002年12月，从五粮液汽车运输公司发展成五粮液安吉物流公司，公司踏上了由传统运输企业向现代物流企业转变的征程；2005年8月，组建成立的宜宾安吉物流集团有限公司，按照组织结构扁平化的原则对原有机构进行调整，形成一支精干高效的队伍，增强了对市场的快速反应能力，成功完成第三次飞跃。

那么，宜宾安吉物流集团有限公司是如何从一个普通的汽车队发展为业内闻名的第三方物流公司的？它的三次成功飞跃给正在向第三方物流转型的国内物流企业提供了哪些经验？

据宜宾安吉物流集团有限公司总裁徐荣清介绍，公司的货物运输范围已覆盖全国除台湾、香港、澳门外的所有省、市、自治区500多个站、点，公司每天均有车辆往返京津冀、江浙沪等地。公司以服务五粮液集团生产为立足点，以抓住西部大开发带来的新机遇为发展重点，形成了汽车货物运输、汽车修理、长江航运、港口码头作业、汽车销售、商品混凝土、机械制造等综合物流体系。

宜宾安吉物流集团有限公司拥有各型运输车辆，起重、装载及工程作业等机械1000余台，各型标准车用集装箱350个，货物仓储面积5万平方米。

（资料来源：物流考试案例分析：第三方物流之转型成功案例）

1. 按第三方物流企业的来源构成分类，宜宾安吉物流集团有限公司属于（　　）。
   A. 从传统仓储、运输、货运代理等企业改造转型而来的第三方物流企业
   B. 从工商企业原有物流服务职能剥离出来的第三方物流企业
   C. 企业与第三方物流公司联营设立的第三方物流公司
   D. 能够资源互补的不同部门联手进军物流领域

2. 按第三方物流企业物流服务功能的主要特征分类，宜宾安吉物流集团有限公司属于（　　）。
   A. 运输型物流企业　　　　　　　　　B. 仓储型物流企业
   C. 综合服务型物流企业　　　　　　　D. 配送型物流企业

3. 按第三方物流企业资源占有的多少分类，宜宾安吉物流集团有限公司属于（　　）。
   A. 资产基础型第三方物流公司　　　　B. 民营第三方物流公司
   C. 国有第三方物流公司　　　　　　　D. 非资产型第三方物流公司

4. 第三方物流企业按照客户的要求实现及时配送任务的关键在于（　　）。
   A. 与客户间信息的良好沟通　　　　　B. 及时处理客户送货请求
   C. 选择合适的运输工具　　　　　　　D. 建立弹性高效的运输车队

5. 由传统企业向第三方物流转变或者扩张的最基本的动因是（　　）。
   A. 扩大企业规模　　　　　　　　　　B. 追求利润
   C. 开发新的业务领域　　　　　　　　D. 满足客户的多样化需求

## "京东云仓"入驻河南 开放第三方物流业务

京东物流正加速布局河南市场。2018年3月30日,京东物流在郑州举行云仓客户招商会,宣布"京东云仓"正式入驻河南,1、2号仓开始投入使用。河南省内有3万平方米云仓资源将批量入市,为河南"新物流"兴起注入新生力量。

此次京东物流加速布局河南,将携手河南本土企业——河南京配物流共同开展业务。作为"京东云仓"河南区战略合作伙伴,河南京配物流将为河南省内百万计商家提供京东配送。同时,京东物流与河南京配物流双方计划扩大合作规模,依托冠邦智慧供应链的优势,将在国内华中、华北等七大区域及浙江、山东等11个京东大仓展开布局,为国内供应商切换"新零售"模式铺设好物流轨道。

据了解,"京东云仓"是京东物流开放第三方服务的重要载体,主要针对互联网商家客户,为资源商输出强大的仓库管理系统和库内操作标准。据河南京配物流负责人介绍,"京东云仓"河南1、2号仓,可同时存放28万件货(中小件),其日均订单处理量可达9万单,可让中小企业从根本上实现降本增效。未来,河南京配物流还可收集仓内货品订单流转信息,对数据进行汇总、整理、分析,为入仓客户提升销售量提供数据支撑。

(资料来源:郑州日报)

# 项目六

## 体验电子商务物流

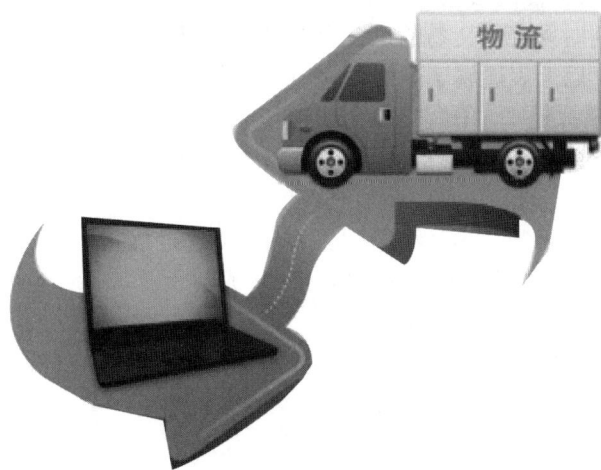

物 流

# 任务一 了解电子商务

## 温故知新

**一、单项选择题（从每小题给出的四个备选答案中选出一个正确答案，并将所选答案的字母填在括号内）**

1. 从广义角度来看，电子商务可定义为使用下列哪一种工具从事商务活动？（　　）
   A. 物流　　　　　　B. 现金　　　　　　C. 电子　　　　　　D. 交通

2. 电子商务交易各方进行商业交易的方式是（　　）。
   A. 实物交易　　　　B. 现金交易　　　　C. 电子交易　　　　D. 转账交易

3. 从技术方面看，电子商务属于（　　）。
   A. 集合体技术　　　B. 分散体技术　　　C. 独立体技术　　　D. 单一体技术

4. 电子商务不受时间、地域限制，凡是能够上网的人，无论何时、何地，都将被包容在一个市场中，有可能成为上网企业的客户。以上表述属于下列哪一项？（　　）
   A. 交易全球化　　　B. 交易快捷化　　　C. 交易虚拟化　　　D. 交易透明化

5. 交易双方可在任何时间、地点通过互联网接入交易，可以实现 24 小时的服务。任何人都可以在任何时候查询交易信息。企业的网址成为永久性的地址，为全球的用户提供不间断的信息源。以上表述属于下列哪一项？（　　）
   A. 交易虚拟化　　　B. 交易全球化　　　C. 交易连续化　　　D. 交易透明化

6. 电子商务的定义从范围上看可分为广义的电子商务和狭义的电子商务，其中，电子是手段，商务是（　　）。
   A. 目的　　　　　　B. 结论　　　　　　C. 过程　　　　　　D. 利益

7. 企业与消费者之间的电子商务即（　　）。
   A. C2C　　　　　　B. B2B　　　　　　C. B2C　　　　　　D. O2O

8. 企业与企业之间的电子商务即（　　）。
   A. C2C　　　　　　B. B2B　　　　　　C. B2C　　　　　　D. O2O

9. 消费者与消费者之间的电子商务即（　　）。
   A. C2C　　　　　　B. B2B　　　　　　C. B2C　　　　　　D. O2O

10. 线下商务与互联网之间的电子商务即（　　）。
    A. C2C　　　　　　B. B2B　　　　　　C. B2C　　　　　　D. O2O

**二、多项选择题（下列每小题给出的四个选项中，至少有两个选项是符合题目要求的，请将所选答案的字母填在括号内）**

1. 与传统商务形式相比，电子商务的特点包括（　　）。
   A. 交易全球化　　　B. 交易快捷化　　　C. 交易虚拟化　　　D. 交易透明化

2. 电子商务的基本组成要素包括（　　）。
   A. 网络　　　　　　B. 用户　　　　　　C. 认证中心　　　　D. 物流配送

3. 按交易所涉及的商品划分，电子商务可分为（　　　）。

  A.　有形电子商务      B.　EDI 电子商务

  C.　Internet 电子商务     D.　无形电子商务

4. 按参与交易的对象划分，电子商务可分为（　　　）。

  A.　C2C    B.　B2B    C.　B2C    D.　O2O

5. 按电子商务所使用的网络类型划分，电子商务可分为（　　　）。

  A.　C2C 电子商务      B.　EDI 电子商务

  C.　Internet 电子商务     D.　O2O 电子商务

## 三、判断题（正确的打"√"，错误的打"×"）

1. 消费者在网上购物这种行为与电子商务有关。      （　　　）

2. 小明通过拨打随机电话寻找鱼缸买家再进行面对面交易，该行为属于电子商务活动。

                              （　　　）

3. 广义的电子商务仅仅指通过互联网进行的商务活动。    （　　　）

4. 电子商务的本质是做好商务活动。          （　　　）

5. 电子商务不受时间、地域限制，凡是能够上网的人，无论何时、何地，都将被包容在一个市场中，有可能成为上网企业的客户，这是电子商务交易虚拟化的特点。

                              （　　　）

## 四、填空题

1. 电子商务的操作要求按统一的标准进行，保证交易双方按照统一的标准规则进行交易，这属于电子商务的交易（　　　　　　）特点。

2. 电子商务按电子商务所使用的网络类型可划分为（　　　　　　）和（　　　　　　）。

3. 电子商务是一种采用先进（　　　　　　）的买卖方式。

4. 消费者利用网络直接参与经济活动的电子商务一般以网络零售业为主，这种主要借助 Internet 开展在线销售活动的形式是（　　　　　　）。

## 五、简答题

1. 什么是电子商务？

2. 简述我国电子商务的发展趋势。

## 六、案例题

### （一）案例分析题

**请阅读案例，并根据案例回答第 1 ~ 2 小题。第 1 ~ 2 小题均为简答题。**

当当网是北京当当网信息技术有限公司营运的一家中文购物网站，以销售图书、音像制品为主，兼具发展小家电、玩具、网络游戏点卡等其他多种商品的销售，总部设在北京。它是一个"纯网络型"的 B2C 网上商店，让消费者享受"鼠标轻轻一点，精品尽在眼前""送货上门，当面收款"的服务。其用户集中在 25 ~ 35 岁，并且月收入在 3000 元以上，主要从事 IT、广告、商业、教育和金融等行业。

（资料来源：当当网经营模式）

1. 以销售图书和音像制品为例，与传统商店销售实体商品的形式相比，当当网的销售形式有何特点？

2. 请简述案例中这种商务模式的基本组成要素。

### （二）案例选择题

**请阅读案例，并根据案例回答第 1 ~ 3 小题。第 1 ~ 3 小题均为单项选择题。**

阿里巴巴网络技术有限公司（以下简称"阿里巴巴"）发展至今已拥有多种业务，如 1688 批发网、淘宝网、天猫。

1688 批发网是全球企业间电子商务的著名品牌，为天下网商提供海量商机信息和便捷安全的在线交易市场。淘宝网是中国深受欢迎的网购零售平台，拥有近 5 亿个注册用户数，每天有超过 6000 万人次的固定访客。天猫是阿里巴巴全新打造的商业零售平台，其整合数千家品牌商、生产商，为商家和消费者之间提供一站式解决方案。

阿里巴巴管理运营着全球领先的网上贸易市场，为来自 200 多个国家和地区的企业和商人提供网上商务服务，是全球首家拥有百万商人的商务网站。在全球网站浏览量排名中，稳居国际商务及贸易类网站第一。

（资料来源：百度百科）

1. 案例中所提到的 1688 批发网属于下列哪一种电子商务类型？（　　　）
   A. B2B　　　　B. C2C　　　　C. B2C　　　　D. O2O
2. 有消费者在淘宝网上为自己购买了腾讯 QQ 超级会员的产品，该产品属于（　　　）。
   A. 有形电子商务　B. 无形电子商务　C. B2B 电子商务　D. O2O 电子商务
3. 案例中所提到的天猫的目标客户主要为（　　　）。
   A. 企业　　　　B. 消费者　　　　C. 政府　　　　D. 互联网

## 拓展阅读

### 电子商务的类型

按照商业活动的运行方式，电子商务可以分为完全电子商务和非完全电子商务。

按照商务活动的内容，电子商务主要包括间接电子商务（有形货物的电子订货和付款，仍然需要利用传统渠道，如邮政服务和商业快递车送货）和直接电子商务（无形货物和服务，如某些计算机软件、娱乐产品的联机订购、付款和交付，或者是全球规模的信息服务）。

按照开展电子交易的范围，电子商务可以分为区域化电子商务、远程国内电子商务、全球电子商务。

按照使用网络的类型，电子商务可以分为基于专门增值网络（EDI）的电子商务、基于互联网的电子商务、基于Intranet的电子商务。

按照交易对象，电子商务可以分为企业对企业的电子商务（B2B），企业对消费者的电子商务（B2C），消费者对消费者的电子商务（C2C），企业、消费者、代理商三者相互转化的电子商务（ABC），企业对政府的电子商务（B2G），以供需方为目标的新型电子商务（P2D），以消费者为中心的全新商业模式（C2B2S）等。

#### B2B

企业与企业之间通过互联网进行产品、服务及信息的交换。通俗的说法是指进行电子商务交易的供需双方都是商家，双方使用Internet的技术或各种商务网络平台，完成商务交易的过程。这些过程包括：发布供求信息，订货及确认订货，支付过程，票据的签发、传送和接收，确定配送方案并监控配送过程等。

#### B2C

B2C模式是中国最早产生的电子商务模式，如今的B2C电子商务网站非常多，比较大型的有天猫商城、京东商城、一号店、亚马逊、苏宁易购等。

#### C2C

C2C同B2B、B2C一样，都是电子商务的模式之一。不同的是C2C是消费者对消费者的模式，C2C商务平台就是通过为买卖双方提供一个在线交易平台，使卖方可以主动提供商品网上拍卖，而买方可以自行选择商品进行竞价。

#### B2M

B2M是相对于B2B、B2C、C2C的电子商务模式而言的，是一种全新的电子商务模式。而这种电子商务相对于以上三种有着本质的不同，其根本区别在于目标客户群的性质不同，前三者的目标客户群是作为消费者的身份出现的，而B2M所针对的客户群是该企业或者该产品的销售者或者为其工作者，而不是最终消费者。

#### ABC

ABC模式是新型电子商务模式的一种，被誉为继B2B模式、B2C模式及C2C模式之后电子商务界的第四大模式。它是由代理商、商家和消费者共同搭建的集生产、经营、消费为一体的电子商务平台。三者之间可以转化，相互服务，相互支持，你中有我，我中有你，真正形成一个利益共同体。

## B2G（B2A）

B2G 模式是企业与政府管理部门之间的电子商务，如政府采购、海关报税的平台、国税局和地税局报税的平台等。

## M2C

M2C 是针对 B2M 的电子商务模式而出现的延伸概念。在 B2M 环节中，企业通过网络平台发布该企业的产品或者服务，职业经理人通过网络获取该企业的产品或者服务信息，并且为该企业提供产品销售或者提供企业服务，而该企业通过职业经理人的服务达到销售产品或者获得服务的目的。

## O2O

O2O 是新兴起的一种电子商务商业模式，即将线下商务的机会与互联网结合在一起，让互联网成为线下交易的前台。这样线下服务就可以用线上来揽客，消费者可以用线上来筛选服务，还有成交可以在线结算，很快达到规模。该模式最重要的特点是推广效果可查、每笔交易可追踪。以美乐乐的 O2O 模式为例，其通过搜索引擎和社交平台建立海量网站入口，将网络上的一批家居网购消费者吸引到美乐乐家居网，进而引流到当地的美乐乐体验馆。线下体验馆则承担产品展示与体验，以及部分的售后服务功能。

## C2B

C2B 是电子商务模式的一种，即消费者对企业。最先由美国流行起来的 C2B 模式也许是一个值得关注的尝试。C2B 模式的核心，是通过聚合分散分布但数量庞大的用户形成一个强大的采购集团，以此来改变 B2C 模式中用户一对一出价的弱势地位，使之享受到以大批发商的价格买单件商品的利益。

## P2D

P2D 是一种全新的、涵盖范围更广泛的电子商务模式，强调的是供应方和需求方的多重身份，即在特定的电子商务平台中，每个参与个体的供应面和需求面都能得到充分满足，充分体现特定环境下的供给端报酬递增和需求端报酬递增。

## B2B2C

所谓 B2B2C 是一种新的网络通信销售方式。第一个 B 指广义的卖方（即成品、半成品、材料提供商等），第二个 B 指交易平台，即提供卖方与买方的联系平台，同时提供优质的附加服务，C 即指买方。卖方可以是公司，也可以是个人，即一种逻辑上的买卖关系中的卖方。

## C2B2S

C2B2S 模式是 C2B 模式的进一步延伸。该模式很好地解决了 C2B 模式中客户发布需求产品初期无法聚集庞大的客户群体而致使与邀约的商家交易失败。

## B2T

B2T 是继 B2B、B2C、C2C 后的又一种电子商务模式，即为一个团队向商家采购。网络团购成为一种新的消费方式。所谓网络团购，就是互不认识的消费者，借助互联网的"网聚人的力量"来聚集资金，加大与商家的谈判能力，以求得最优的价格。尽管网络团购的出现只有短短两年多的时间，却已经成为在网民中流行的一种新消费方式。据了解，网络团购的主力军是年龄为 25 岁到 35 岁的年轻群体，在北京、上海、深圳等大城市十分普遍。

（资料来源：百度百科）

## 任务二 认识电子商务物流

### 温故知新

**一、单项选择题（从每小题给出的四个备选答案中选出一个正确答案，并将所选答案的字母填在括号内）**

1. 电子商务物流的主要特征是（　　）。
   A. 商品销售和批发　　　　　　　　B. 商品代理和配送
   C. 商品销售和配送　　　　　　　　D. 商品代理和批发

2. 下列哪项用来描述淘宝商城的类型最为恰当？（　　）
   A. 物流网站　　　B. 网购零售平台　　　C. 化妆品专卖店　　　D. 书本专卖店

3. 如果你没有淘宝账号，但想在淘宝上购买一双鞋，那么你第一步需要（　　）。
   A. 注册淘宝账号　　　　　　　　　B. 直接购买
   C. 转账购买　　　　　　　　　　　D. 添加微信转账购买

4. 如何查看在淘宝所购买商品的物流信息？（　　）
   A. 拨打京东客服电话　　　　　　　B. 拨打顺丰客服电话
   C. 登陆淘宝账号查看订单物流信息　　D. 无法自主查询物流信息

5. 京东和淘宝是否可以使用同一个手机号进行注册？（　　）
   A. 可以　　　　　　　　　　　　　B. 不可以
   C. 需要京东授权才可以　　　　　　D. 不能确定

6. 电子商务物流通过电子商务与客户进行交流并接收订单，借助下列哪个选项进行配送并跟踪完整的物流信息？（　　）
   A. 手机　　　　　B. 电脑　　　　　C. 物流　　　　　D. 银行

7. 电子商务物流中的"物流"借助下列哪一种技术将信息流共享到网上，并最终实现商流的目的？（　　）
   A. 互联网技术　　　B. 存储技术　　　C. 发送技术　　　D. 接收技术

8. 物流是连接下单付款和收货评价这一环节的关键，其中物流是（　　）。
   A. 结果　　　　　B. 基础　　　　　C. 桥梁　　　　　D. 目的

9. 物流是连接下单付款和收货评价这一环节的关键，其中信息是（　　）。
   A. 结果　　　　　B. 基础　　　　　C. 桥梁　　　　　D. 目的

10. 物流是连接下单付款和收货评价这一环节的关键，其中资金是（　　）。
   A. 结果　　　　　B. 基础　　　　　C. 桥梁　　　　　D. 目的

**二、多项选择题（下列每小题给出的四个选项中，至少有两个选项是符合题目要求的，请将所选答案的字母填在括号内）**

1. 电子商务离不开物流，一个完整的电子商务交易过程包含（　　）。
   A. 信息流　　　B. 商流　　　C. 物流　　　D. 资金流

2. 电子商务物流是在电子商务的背景下，借助下列哪些技术进行的物流活动？（　　　）
    A. 计算机技术　　B. 互联网技术　　C. 电子商务技术　　D. 信息技术

3. 电子商务物流能够协助供需双方达成什么样的交易？（　　　）
    A. 高收益　　　　B. 高效率　　　　C. 零成本　　　　D. 低成本

4. 电子商务交易流程包括（　　　）。
    A. 联系买家　　　B. 搜索宝贝　　　C. 下单付款　　　D. 收货评价

5. 常见的购物网站包括（　　　）。
    A. 淘宝网　　　　B. 7-Eleven　　　C. 京东商城　　　D. 亚马逊

## 三、判断题（正确的打"√"，错误的打"×"）

1. 淘宝网的网站和苏宁易购的网站是同一个网站。　　　　　　　　　　　　（　　　）

2. 在电子商务交易过程中，买家在下单付款后直接点击收货，然后等待卖家发货。
    （　　　）

3. 淘宝网配送未完成的货物将由京东商城接着配送。　　　　　　　　　　　（　　　）

4. 电子商务物流也可以理解为物流企业的电子商务化。　　　　　　　　　　（　　　）

5. 电子商务要求只有网络就可以了，不需要物流的参与。　　　　　　　　　（　　　）

## 四、填空题

1. 电子商务是离不开物流的。一个完整的电子商务交易过程包含（　　　　　　）、（　　　　　　）、（　　　　　　）、（　　　　　　）。

2. 电子商务物流能够协助供需双方达成（　　　　　　）（　　　　　　）的交易。

3. 电子商务交易流程包括（　　　　　　）、（　　　　　　）、（　　　　　　）、（　　　　　　）。

4. 电子商务与物流（　　　　　　），密不可分。

## 五、简答题

1. 请从宏观角度描述电子商务物流。

2. 电子商务促进物流产业的改善和提高，这必然会促进物流基础设施的改善，同时也使得物流相关技能向现代高新技术转变。请写出至少3种与物流相关的现代高新技术的名称。

## 六、案例题

（一）案例分析题

请阅读案例，并根据案例回答第 1 ～ 2 小题。第 1 ～ 2 小题均为简答题。

张先生 2020 年 6 月 28 日在淘宝网购买了 500 元的商品，3 天后物流信息在显示到达广东广州之后就不再更新内容。张先生表示，可能是由于元旦期间快递比较忙，包裹处理不过来，应该再过几天就会送来了。但是元旦已过去 5 天了，张先生再次查询物流信息发现仍未更新。

（资料来源：编者自创）

1. 请简述张先生在淘宝网购物的一般流程。

2. 根据案例所述，张先生要想确认快件到底是什么情况，该如何处理？

## （二）案例选择题

**请阅读案例，并根据案例回答第 1~3 小题。第 1~3 小题均为单项选择题。**

新型冠状病毒肺炎疫情牵动了全国人民的心。来自全国的各种物资及捐款源源不断地向武汉汇集，但全国人民发现，武汉红十字会的平台在面对如此海量资源，已经不再是平台，而是瓶颈了。货物清点慢、库存管理效率低下、发货流程复杂直接导致在十万火急的情况下，大量急需的物资无法及时送到一线人员的手中。对于仅有十几个人、几辆车的慈善组织来说，在突发紧急情况下，平时的业务流程已经完全无法适应眼下的应急需求。后来，由九州通医药集团物流有限公司（下称"九州通"）负责武汉红十字会捐赠物资的物流运营管理工作。至此，所有商品的卸货由武汉城投负责，入库商品的分类堆码由九州通负责，商品质量和是否医用由市场监督管理局派驻人员负责，商品数量由市统计局派驻人员统计，待核验无误后，相关人员在入库单上签字确认即可完成入库。

此外，九州通应用自主研发的九州云仓管理软件进行商品货位库存管理；同时将药品、器械、重点器械产品类库存交市卫健委、非药品类交市发展改革委进行货物的分配。九州通接受上述单位的出库下发调拨指令，在九州云仓系统中进行出库单开具并打印出库拣货单；在现场拣选完成后，核减库存确认；将拣选商品按时、按配送单位投放到出库暂存区等待配送。

（资料来源：中国物流与采购联合会）

1. 根据案例所述，武汉红十字会在九州通"接管"仓库前所面临的最大难题是（　　　）。
   A. 发送　　　　　B. 跟踪　　　　　C. 分拣　　　　　D. 提货
2. 根据案例所述，如果把武汉红十字会当作卖家，九州通当作物流公司，那买家应该是下列哪个选项最为恰当？（　　　）
   A. 病人　　　　　　　　　　　B. 武汉城投
   C. 物流公司　　　　　　　　　D. 下发调拨指令的单位
3. 根据案例所述，九州云仓管理软件的影响也颇为重要，那么九州云仓管理软件属于（　　　）。
   A. 信息化技术　　　　　　　　B. 全球化技术
   C. EDI 技术　　　　　　　　　D. 标准化技术

## ◇ 拓展阅读

### 电子商务物流的几种新兴模式

随着电子商务行业竞争的白热化，"物流"这个电子商务中的瓶颈环节已经成为电商巨头们决心打造的新的核心竞争力，甚至一度有人喊出"得物流者得天下"。

**轻公司轻资产模式**

轻公司，国内最早的代表企业是PPG。它是指电子商务企业做自己最擅长的业务（如平台、数据），而把其他业务（如生产、物流）都外包给第三方专业企业去做，最终把公司做小，把客户群体做大。

电商物流中的轻公司轻资产模式，即电商企业侧重于管理好业务数据和物流信息，租赁物流中心的地盘，并把配送环节全部外包。这是传统电商企业的运作模式，也就是说，电商企业真正实现"归核化"和"服务外包"。

轻公司轻资产模式，减轻了电商企业在物流体系建设方面的资金压力，但对与其合作的第三方物流依赖度很高，如果第三方的服务出现问题，就势必连累电商企业本身。曾有统计数据称，第三方物流的投诉率是电商企业自建物流的12倍。因此，这种合作模式需要具备较高的合作风险管控能力。

**垂直一体化模式**

垂直一体化，也叫作纵向一体化，即从配送中心到运输队伍全部由电商企业自己整体建设，这是与轻公司轻资产模式完全相反的物流模式，将大量的资金用于物流队伍、运输车队、仓储体系建设。典型企业有京东商城、苏宁电器等。

垂直一体化模式改变了传统电商企业过于注重平台运营而轻视物流配送的状况，将较多的资金和精力转投物流体系建设，希望以在物流方面的优势加大在电商业务上的竞争力。

**半外包模式**

相对于垂直一体化模式的过于复杂和庞大，半外包模式是比较经济且相对可控的模式，也称为半一体化模式，即电商企业自建物流中心和掌控核心区域物流队伍，而将非核心区物流业务进行外包。

这种半外包模式仍然需要电商企业自己投入大量资金进行物流体系建设。垂直一体化模式也好，半外包模式也好，实际上都是电商企业将业务扩展到了物流业的一亩三分地。虽然对于做好顾客的物流服务有较高的保障，但是，需要电商企业投入较多的资金和精力、具备较大的物流管理经验，可以说，这实际上存在很大的经营风险。

**云物流云仓储模式**

借鉴目前热门的云计算、云制造等概念，云物流模式就是指充分利用分散、不均的物流资源，通过某种体系、标准和平台进行整合，为我所用、节约资源。相关的概念还有云快递、云仓储。

从理论上讲，云物流实现了"三化"：一是社会化，快递公司、派送点、代送点等成千上万的终端都可以为我所用；二是节约化，众多社会资源共享一个云物流平台，实现规模效应；三是标准化，一改物流行业的散、乱，建立统一的管理平台，规范服务的各个环节。

云物流模式，希望利用订单聚合的能力来推动物流体系的整合，包括信息整合、能力整合。

目前，云物流只是提供了一个信息交换的平台，解决了供给能力的调配问题，但不能从根本上改变行业配送能力的整合问题、服务质量问题、物流成本及物流效率的控制问题。如何整合和管理好云资源，这也是云计算、云制造面临的共同问题。

换个角度说，如果一个电商企业把物流服务做到最好，那它就可能已经不再是电商企业了。因此，合作才是电商企业和物流企业的主题。如果不在合作中共同发展，就可能在竞争中相继衰落。

在电商时代，物流发展到集约化阶段，一体化的配送中心不仅要提供仓储和运输服务，还必须开展配货、配送和各种提高附加值的流通加工服务项目，也可按客户的需要提供其他服务。现代供应链管理即通过从供应者到消费者供应链的综合运作，使物流达到最优化。企业追求全面的、系统的综合效果，而不是单一的、孤立的片面观点。

作为一种战略概念，供应链也是一种产品，而且是可增值的产品，其目的不仅是降低成本，更重要的是提供用户期望以外的增值服务，以产生和保持竞争优势。从某种意义上讲，供应链是物流系统的充分延伸，是产品与信息从原料到最终消费者之间的增值服务。

在经营形式上，采取合同型物流。这种配送中心与公用配送中心不同，它是通过签订合同，为一家或数家企业（客户）提供长期服务，而不是为所有客户服务。这种配送中心有由公用配送中心来进行管理的，也有自行管理的，但主要是提供服务；也有可能所有权属于生产厂家，由专门的物流公司进行管理。

供应链系统物流完全适应了流通业经营理念的全面更新。因为，以往商品经由制造、批发、仓储、零售各环间的多层复杂途径，最终到消费者手里。而现代流通业已简化为由制造出的商品经配送中心而送到各零售点。它使未来的产业分工更加精细，产销分工日趋专业化，大大提高了社会的整体生产力和经济效益，使流通业成为整个国民经济活动的中心。

另外，在这个阶段有许多新技术。例如，销售时点信息管理系统，商店将销售情况及时反馈给工厂的配送中心，有利于厂商按照市场调整生产，以及同配送中心调整配送计划，使企业的经营效益跨上一个新台阶。

（资料来源：百度百科）

## 任务三  了解电子商务物流模式

### 温故知新

**一、单项选择题（从每小题给出的四个备选答案中选出一个正确答案，并将所选答案的字母填在括号内）**

1. 企业物流配送的各个环节由企业自身筹建并组织管理，实现对企业内部及外部货物配送的模式是（      ）。

　　A. 互用配送模式　　　　　　　　B. 自营物流模式

　　C. 物流联盟模式　　　　　　　　D. 第三方物流模式

2. 以物流为合作基础，通过契约的方式达成协议，互用对方配送系统进行配送的模式是（　　）。

　　A. 互用配送模式　　B. 自营物流模式　　C. 物流联盟模式　　D. 第三方物流模式

3. 交易双方把自己需要完成的配送业务委托给第三方来完成的配送运作模式是（　　）。

　　A. 互用配送模式　　B. 自营物流模式　　C. 物流联盟模式　　D. 第三方物流模式

4. 京东商城选择的物流模式是（　　）。

　　A. 互用配送模式　　B. 自营物流模式　　C. 物流联盟模式　　D. 第三方物流模式

5. 淘宝网一般选择的物流模式是（　　）。

　　A. 互用配送模式　　B. 自营物流模式　　C. 物流联盟模式　　D. 第三方物流模式

6. 苏宁易购选择的物流模式是（　　）。

　　A. 互用配送模式　　B. 自营物流模式　　C. 物流联盟模式　　D. 第三方物流模式

7. 唯品会选择的物流模式是（　　）。

　　A. 互用配送模式　　B. 自营物流模式　　C. 物流联盟模式　　D. 第三方物流模式

8. 淘宝网的卖家会选择下列哪家快递完成配送？（　　）

　　A. 顺丰速运　　　　B. 韵达快递　　　　C. 中通快递　　　　D. 以上均有可能

9. 有一种物流模式主要由咨询公司提供物流咨询服务，该物流模式属于下列哪一种模式？（　　）

　　A. 物流联盟模式　　B. 第三方物流模式 C. 第四方物流模式 D. 物流一体化模式

10. 淘宝网的卖家如果遇到贵重的商品，且寄件地与收货地均在中国，那么一般选择下列哪家快递较为合适？（　　）

　　A. 顺丰速运　　　　B. UPS　　　　　　C. 优速快递　　　　D. 全峰快递

## 二、多项选择题（下列每小题给出的四个选项中，至少有两个选项是符合题目要求的，请将所选答案的字母填在括号内）

1. "三通一达"包含（　　）。

　　A. 申通快递　　　　B. 圆通速递　　　　C. 汇通快递　　　　D. 韵达快递

2. 如果商品比较高端且贵重，那么淘宝网卖家一般不选择下列哪个快递进行配送？（　　）

　　A. 优速快递　　　　B. 顺丰速运　　　　C. 天天快递　　　　D. 全峰快递

3. 下列属于京东商城的物流配送服务的有（　　）。

　　A. 211 限时达　　 B. 次日达　　　　　C. 定时达　　　　　D. 极速达

4. 下列属于第三方物流模式优势的是（　　）。

　　A. 无成本　　　　　B. 减少资本积压　　C. 减少库存　　　　D. 容易受制于人

5. 下列属于物流联盟模式劣势的是（　　）。

　　A. 人员储备不足　　　　　　　　　　　B. 制度不够规范化

　　C. 物流资源的利用不合理　　　　　　　D. 占用大量的流动资金

## 三、判断题（正确的打"√"，错误的打"×"）

1. 企业物流配送的各个环节由企业自身筹建并组织管理，实现对企业内部及外部货物配送的模式是第四方物流模式。 （　　）

2. 两个或多个企业之间为了各自利益，以物流为合作基础，通过契约的方式达成协议，互用对方配送系统进行配送的模式是物流联盟模式。　　　　　　　　　　　（　　　）

3. 交易双方把自己需要完成的配送业务委托给第三方来完成的一种配送运作模式是自营物流模式。　　　　　　　　　　　　　　　　　　　　　　　　　　　　（　　　）

4. 陈小姐丢失手机后立刻在京东商城购买了一台新手机，由于陈小姐想第二天就收到手机，因此她可以选择次日达配送服务。　　　　　　　　　　　　　　　（　　　）

5. 小明是淘宝卖家，他卖的是价值 1 万元以上的手提包，考虑到该商品价值较高，我们建议他使用顺丰速运进行配送。　　　　　　　　　　　　　　　　　（　　　）

## 四、填空题

1. 京东商城的配送服务有 211 限时达、大家电 211 限时达、隔日达、（　　　　　　　）、（　　　　　）、（　　　　　　　）、夜间配、大家电夜间配、京准达。

2. （　　　　　　　）模式的优势是能有效降低企业的物流成本，企业同样可以享受第三方物流的服务，通过第三方的平台时效性有保证。

3. 根据不同商品选择不同的快递进行配送，卖家自主选择权较大，若买家指定快递公司则需要支付（　　　　　　）。

4. （　　　　　　　）模式比较适合电子商务条件下 B2B 的交易方式。

## 五、简答题

1. 请列出不同的电子商务物流模式。

2. 请写出自营物流模式的优点与缺点。

## 六、案例题

### （一）案例分析题

**请阅读案例，并根据案例回答第 1～2 小题。第 1～2 小题均为简答题。**

某餐饮企业是一家提供全方位包餐服务的公司，服务分为配送盒饭和配送套餐服务。通常每天都有顾客打电话来订购盒饭，但由于设施等原因，该餐饮企业要求顾客只能在上午 10 点前打电话预订，以确保当天配送到位。

在套餐服务方面，该餐饮企业的核心能力是为企事业单位提供冷餐会、大型聚会，以及一般家庭的家宴和喜庆宴会。客户所需的各种菜肴和服务可以事先预约，但由于这项服务的季节性很强，又与各种社会节日和法定假日相关，需求量忽高忽低，有旺季和淡季之分，因此要求顾客提前几周甚至 1 个月前来预订。

包餐行业的竞争十分激烈，高质量的食品、可靠的配送、灵活的服务及低成本的运营等都是这一行求生存谋发展的根本。近来，该餐饮企业已经开始感觉到来自愈来愈挑剔的顾客和几位新来的竞争对手的压力。顾客们愈发需要菜单的多样化、服务的柔性化，以及响应的及时化。

该餐饮企业的老板最近参加了现代物流知识培训班，对准时化运作和第三方物流服务的概念认识很深，他认为这些理念正是该餐饮企业要保持其竞争能力所需的。但是他不确定是否能借助第三方物流服务来提高其竞争力。

（资料来源：考试资料网）

1. 该餐饮企业的经营活动可否引入第三方物流服务？请说明理由。



2. 该餐饮企业如需引入第三方物流服务，你有何建议？



## （二）案例选择题

**请阅读案例，并根据案例回答第 1～3 小题。第 1～3 小题均为单项选择题。**

2020 年春节前夕，新型冠状病毒肆虐，应湖北省新型冠状病毒感染肺炎防控指挥部的紧急需求，京东与湖北省政府展开合作，正式承建其应急物资供应链管理平台。该平台针对抗击疫情急需的防护服、口罩、护目镜等物资的生产、库存、调拨、分配进行全程可视追踪、高效集中管控，助力湖北省各地紧缺医疗物资的精准测算、科学调度和合理分配。这是京东在连续投入运力、人力、无人设备等多种方式全力支援湖北以来，供应链技术直接参与政府部门疫情防控工作。

京东自 1 月 21 日起就开始为湖北省当地药企提供紧急药品运输，并接连开启"医疗机构指定订单优先派送服务"和"全国各地驰援武汉救援物资义务运输通道"。截至 2 月 10 日，京东物流已将来自全国超过 2000 吨防疫物资及民生应急物资送达武汉市及周边地区，同时以基础设施、供应链、技术、人力等全方位能力在湖北省当地展开服务。

（资料来源：搜狐-金融界频道）

1. 按参与交易的对象分，案例中的电子商务形式是（    ）。
   A. 企业与消费者之间的电子商务，即 B2C
   B. 企业与企业之间的电子商务，即 B2B
   C. 消费者与消费者之间的电子商务，即 C2C
   D. 线下商务与互联网之间的电子商务，即 O2O

2. 该案例中京东采用的电子商务物流模式是（    ）。
   A. 自营物流模式　　　　　　　　B. 物流联盟模式
   C. 第三方配送模式　　　　　　　D. 菜鸟模式

3. 下列选项中哪项属于案例所述物流模式的劣势？（    ）
   A. 投资成本低　　　　　　　　　B. 投资时间较长
   C. 占用流动资金少　　　　　　　D. 制度不规范

### ◆ 拓展阅读

## 电子商务物流的发展趋势

第一，电子商务物流的服务内容和内涵将更加丰富。一方面，我国网络零售产生的电子商务物流业务近 70%由物流企业承担，物流企业成为服务电子商务的主渠道。另一方面，在"互联网+"的背景下，电子商务物流也衍生出多种业态，新模式不断涌现。终端消费者对多元化服务的需求进一步细化，电子商务物流企业适时推出终端智能柜、物流保险、特殊物品物流、逆向物流等主动服务和个性服务。随着供给侧结构性改革的深入推进，电子商务、制造业、跨境贸易等关键产业不断升级，电子商务物流上游和下游产业环境也随之优化和升级，这必将对电子商务物流服务内容提出更高的要求，仓配一体化、供应链管理等业务种类将加快拓展，跨境贸易的发展也将为电子商务物流企业注入新的发展活力。

第二，市场主体将更加多元。一方面，随着外部产业的融合、资本市场的加速进入，以及同业、同区域整合，优质资源要素和人力要素进一步向龙头企业聚集，市场集中度将进一步提高。另一方面，在快递公共服务站、连锁商业合作、第三方服务平台等创新模式不断涌现的同时，传统快运、物流企业也开始纷纷跨界进入快递及电子商务物流领域，并向专业化、区域化、平台化方向发展。此外，随着"互联网+"的驱动及平台经济的发展，碎片化的物流资源通过互联网和平台整合进入市场，"平台+个人"的商业模式正在出现，正逐步探索、演化，成为新的电子商务物流服务提供者和市场参与者。

第三，电子商务物流将更加智慧、智能。随着消费需求的不断升级和技术应用环境的不断成熟，电子商务物流数据化、自动化、智能化的发展趋势将势不可挡。DT（数据科技）时代的到来，使得大数据应用已经深入企业的经营管理、销售预测、运营决策、营销推广、渠道管理、客户体验、物流管理、IT 构架等方面。尤其是大数据对供应链的应用将改变电子商务物流的路径和运作，从而颠覆传统的运营模式，对物流服务提出更高的要求，而大数据服务、云服务、智仓储、电子签名、电子身份认证等技术将得到推广应用。在物流装备方面，自动化分拣、机器人、智能快件箱等开发应用力度将持续加大。迫使企业告别依靠廉价劳动力的发展怪圈，对电子商务物流的提质增效形成"倒逼"。从现状来看，仓储分拣等智能机器人已经进入实际应用阶段，而当人工成本超过机器成本之时，自动化大规模迭代的时代指日可待。

（资料来源：第 1 物流网）

# 项目七

## 认识国际物流

# 任务一 了解国际物流

## 温故知新

### 一、单项选择题（从每小题给出的四个备选答案中选出一个正确答案，并将所选答案的字母填在括号内）

1. 在固定的航线上，以既定的港口顺序，按照事先公布的船期表航行的水上运输经营方式是（　　）。
   A. 班轮运输　　　B. 租船运输　　　C. 货运代理　　　D. 定期运输

2. 国际邮品物流属于（　　）。
   A. 贸易物流　　　B. 非贸易物流　　　C. 海运物流　　　D. 公路物流

3. 世界上最大的集装箱航运公司是（　　）。
   A. 泛亚班拿公司　　　　　　　　B. 辛克物流
   C. 马士基航运　　　　　　　　　D. 中国外轮代理有限公司

4. 泛亚班拿公司总部位于（　　）。
   A. 德国　　　　　B. 意大利　　　C. 美国　　　　D. 瑞士

5. 罢工、战争等原因造成商品可能受到损害或灭失属于（　　）。
   A. 政治风险　　　B. 经济风险　　　C. 文化风险　　　D. 自然风险

6. 按照货物流向来划分，国际物流可分为（　　）。
   A. 进口物流和出口物流　　　　　B. 国家间物流和经济区域间物流
   C. 贸易物流与非贸易物流　　　　D. 国际海运物流、国际空运物流等

7. 按照国际物流所经过的区域来划分，国际物流可分为（　　）。
   A. 进口物流和出口物流　　　　　B. 国家间物流和经济区域间物流
   C. 贸易物流与非贸易物流　　　　D. 国际海运物流、国际空运物流等

8. 按照物流的对象来划分，国际物流可分为（　　）。
   A. 进口物流和出口物流　　　　　B. 国家间物流和经济区域间物流
   C. 贸易物流与非贸易物流　　　　D. 国际海运物流、国际空运物流等

9. 按照运输方式来划分，国际物流可分为（　　）。
   A. 进口物流和出口物流　　　　　B. 国家间物流和经济区域间物流
   C. 贸易物流与非贸易物流　　　　D. 国际海运物流、国际空运物流等

10. 下列不属于国际物流特点的是（　　）。
    A. 复杂性　　　B. 政府管制少　　　C. 国际性　　　D. 风险性

### 二、多项选择题（下列每小题给出的四个选项中，至少有两个选项是符合题目要求的，请将所选答案的字母填在括号内）

1. 国际物流的风险性主要包括（　　）。
   A. 政治风险　　　B. 经济风险　　　C. 文化风险　　　D. 自然风险

2. 国际物流相关企业的类型主要有报关行和（　　　）。
　　　A. 班轮公司　　　　B. 航空公司　　　　C. 船舶代理公司　　　D. 国际货运代理公司
3. 狭义的物流网络，主要是指物流企业经营活动中所涉及的（　　　）。
　　　A. 物流客户网络　B. 物流运输网络　C. 物流资金网络　D. 物流信息网络
4. 报关行包括（　　　）。
　　　A. 专业报关企业　B. 代理报关企业　C. 特殊报关企业　D. 银行报关企业
5. 物流运输网络主要包括一个物流企业的（　　　）。
　　　A. 物流节点　　　B. 运输路线　　　C. 运输工具　　　D. 运输人员

## 三、判断题（正确的打"√"，错误的打"×"）

1. 按照货物流向划分，国际物流可分为进口物流和出口物流。　　　　　　（　　　）
2. 经济区域主要指非单独关税区域，如欧盟、北美自由贸易区等。　　　　（　　　）
3. 广义物流网络是从微观角度探讨的。　　　　　　　　　　　　　　　　（　　　）
4. 船代公司，即代理与船舶有关业务的单位。　　　　　　　　　　　　　（　　　）
5. 船代公司与货代公司是一回事。　　　　　　　　　　　　　　　　　　（　　　）

## 四、填空题

1. 国际物流是随着世界各国或地区之间进行（　　　　　　）而发生的商品实体从一个国家或地区向另一个国家或地区流转的过程中所发生的物流活动。
2. 按照物流的对象来划分，国际物流可以分为（　　　　　　）物流与（　　　　　　）物流。
3. 国际物流的特点有（　　　　　）、（　　　　　）、（　　　　　）、（　　　　　）、（　　　　　）。
4. （　　　　　　）公司主要接受委托方的委托，从事有关货物的运输、转运、仓储、装卸等事宜。

## 五、简答题

1. 什么是国际物流？

2. 什么是班轮公司？

## 六、案例题

### （一）案例分析题

**请阅读案例，并根据案例回答第 1～2 小题。第 1～2 小题均为简答题。**

自 2019 年 12 月初以来，有着全球航运晴雨表之称的波罗的海干散货指数（BDI 指数）

便持续下行，而此次新型冠状病毒肺炎疫情的爆发更是令其雪上加霜。自 2020 年 1 月 17 日以来，BDI 指数已经出现"十四连跌"。截至 2020 年 2 月 7 日，BDI 指数报 415 点，同时创下 2016 年 4 月 5 日以来的新低。根据相关数据，目的地为中国的好望角型散货船自 2019 年 9 月以来费率骤降 92%，截至 2020 年 2 月 6 日，每日运费仅略高于 3000 美元，远低于支付给船员的费用。据报道，按体量计算，全球货物贸易的 80% 通过海洋运输，而在全球十大集装箱港口中，中国占据了 7 个。中国是亚洲内部及全球供应链的重要推动者，由于中国是世界制造中心，新型冠状病毒肺炎疫情将会对整个集装箱运输业造成影响。许多产业都将减少对集装箱货物运输的需求。

（资料来源：邮轮业损失 10 亿元，全球航运业遭遇罕见严冬）

1. 从运输方式上看，该案例涉及的是哪一种类型的国际物流？

2. 该案例体现了国际物流的哪些特点？

**（二）案例选择题**

**请阅读案例，并根据案例回答第 1~3 小题。第 1~3 小题均为单项选择题。**

班轮业自 2010 年以来，一直在航运电商领域探索。2000 年 10 月开启的 INTTRA 是承运人联合体，旨在以免费的网站为基地向班轮公司客户提供"一站式"商业运输服务；2016 年年底，阿里巴巴的"舱位宝"吸引了马士基航运、达飞轮船和中远海运物流等大牌班轮公司的入驻；2017—2018 年，各大班轮公司纷纷推出在线订舱产品；2019 年，业界迎来全新的时代，班轮公司直线运营电商产品纷纷推出！

（资料来源：回顾 2019：班轮，班轮，这里是方向）

1. 案例中的班轮业属于国际（　　　）。
   A. 海运物流　　　　　　　　　　B. 空运物流
   C. 铁路物流　　　　　　　　　　D. 公路物流
2. 班轮运输的特点不包括（　　　）。
   A. 固定的航线　　　　　　　　　B. 既定的港口顺序
   C. 固定的货物　　　　　　　　　D. 固定的船期
3. 用自己拥有或者自己经营的船舶，提供国际港口之间班轮运输服务，并依据法律规定设立的船舶运输企业称为（　　　）。
   A. 航空公司　　　　　　　　　　B. 班轮公司
   C. 船代公司　　　　　　　　　　D. 国际货代公司

◇ **拓展阅读**

## 中欧班列成"一带一路"国际贸易重要桥梁

20 世纪 30 年代，瑞典探险家斯文·赫定在《丝绸之路》一书中写道："中国政府如能使丝绸之路复苏，并使用现代交通手段，必将对人类有所贡献。"

如今，随着中欧班列"钢铁驼队"的出现，斯文·赫定的期盼正在变成现实。数据显示，至 2017 年年底，中欧班列已经开行 6637 列，铺画运行线 61 条，国内开行城市达到 38 个，到达欧洲 13 个国家 36 个城市。自中国提出"一带一路"倡议以来，目前多个省区均已开通国际货运班列。如今，一列列"钢铁驼队"正成为中国与"一带一路"沿线国家贸易互通的重要桥梁。

近年来，中欧班列开行数量实现了爆发式增长。2017 年，中欧班列开行数量已突破 3000 列，创中欧班列年度开行数量历史新高，超过过去 6 年开行数量的总和。

为保证运到时限，中国铁路总公司和铁路局两级调度部门设立专人，负责中欧班列箱源调配、运行盯控、中转集结等工作，按高于客车等级安排中欧班列开行。中欧班列日均运行 1300 千米，正点率接近 100%；全程运行时间大幅压缩，最快 12 天抵达欧洲，运输时间是海运的 1/3。

同时，中国铁路总公司通过压缩运到时限、提高通道运量等措施，不断扩大班列开行规模；并大力协调沿线国家政府和相关部门，共同给予了班列优惠运价，从而大幅降低了全程物流成本。目前，中欧班列全程费用较开行之初已下降 30% 以上，仅为空运价格的 1/5，受到沿线国家政府和企业的欢迎。

"相比公路运输，中欧班列拥有更大的承载量，不仅缩短了运输时间，还降低了运输成本。"新疆鸿运达国际货运代理有限公司运营总监张海霞说。

亚欧大陆拥有世界人口的 75%，地区生产总值约占世界总额的 60%，东面是活跃的东亚经济圈，西面是发达的欧洲经济圈，中间广大腹地经济发展潜力巨大。特别是"一带一路"沿线国家资源禀赋各异，经济互补性强，合作空间广阔。随着"一带一路"建设深入推进，我国与欧洲沿线国家的经贸往来发展迅速，物流需求旺盛，贸易通道和贸易方式不断丰富和完善，为中欧班列带来了难得的发展机遇。

"中欧班列的开行，为中国企业、中国装备走出去提供了重要支撑。"地处克拉玛依的新疆贝肯能源工程股份有限公司副总经理成景民说，"2017 年公司的钻井设备先后搭乘中欧班列运至俄罗斯、乌克兰等地。相比海运，铁路运输速度更快，更受外国企业青睐。"

据介绍，目前中欧之间有 3 条"钢铁丝路"：经新疆阿拉山口口岸出入境的西部通道、经二连浩特口岸出入境的中部通道和经满洲里口岸出入境的东部通道。为不断优化中欧班列运输，2018 年 1 月中哈两国又合作开辟了中欧班列新通道——通过铁海联运，班列途径土耳其直达欧洲。

乌鲁木齐铁路局方面表示，新线路开通后，不仅大幅压缩了运行里程，而且使中欧班列的出入境衔接更加顺畅。

（资料来源：经济参考报）

## 任务二　选择国际物流运输方式

### 温故知新

**一、单项选择题**（从每小题给出的四个备选答案中选出一个正确答案，并将所选答案的字母填在括号内）

1. 国际货运中最主要的运输方式是（　　）。
   A. 国际陆上运输　　B. 国际水上运输　　C. 国际航空运输　　D. 国际管道运输

2. 具有门到门运输优势的是（　　）。
   A. 国际陆上运输　　B. 国际水上运输　　C. 国际航空运输　　D. 国际管道运输

3. 具有运送速度快、安全系数高和货损货差小等优势的是（　　）。
   A. 国际陆上运输　　B. 国际水上运输　　C. 国际航空运输　　D. 国际管道运输

4. 主要运送对象是石油、天然气等可流动物资的是（　　）。
   A. 国际陆上运输　　B. 国际水上运输　　C. 国际航空运输　　D. 国际管道运输

5. 灵活性最差的是（　　）。
   A. 国际陆上运输　　B. 国际水上运输　　C. 国际航空运输　　D. 国际管道运输

6. 运速最快的是（　　）。
   A. 国际陆上运输　　B. 国际水上运输　　C. 国际航空运输　　D. 国际管道运输

7. 中国—中亚、俄罗斯—欧洲的物流通道主要采用（　　）。
   A. 国际陆上运输　　B. 国际水上运输　　C. 国际航空运输　　D. 国际管道运输

8. 国际物流对运输方式选择上的首要考虑因素是（　　）。
   A. 运输成本　　B. 运行速度　　C. 物流特点和性质　D. 货运量

9. 贵重物品、尖端科技产品大多选择（　　）。
   A. 汽车运　　B. 船运　　C. 空运　　D. 管道运

10. 煤炭、水泥、石油等货物的最常用运输方式是（　　）。
    A. 汽车运输　　B. 水路运输　　C. 航空运输　　D. 集装箱运输

**二、多项选择题**（下列每小题给出的四个选项中，至少有两个选项是符合题目要求的，请将所选答案的字母填在括号内）

1. 选择国际物流运输方式主要考虑（　　）。
   A. 运输成本　　B. 运行速度　　C. 物流特点和性质　D. 货运量

2. "一带一路"的核心内涵是加强政策沟通、（　　）。
   A. 道路联通　　B. 贸易畅通　　C. 货币流通　　D. 民心相通

3. 国际管道运输的特点有（　　）。
   A. 一次投资、长期受用　　　　B. 安全系数高
   C. 灵活性高　　　　　　　　　D. 受气候、环境等外来因素的影响小

4. 国际陆上运输的特点有（　　　）。
    A. 适用范围广　　　　　　　　　　B. 具有门到门运输的优势
    C. 受气候影响小　　　　　　　　　　D. 单位运输成本较水上运输低
5. 国际航空运输的特点有（　　　）。
    A. 运送速度快　　B. 安全系数高　　C. 运价低廉　　D. 货损货差小

## 三、判断题（正确的打"√"，错误的打"×"）

1. 国际间内河运输一般距离较远，规模较大。　　　　　　　　　　（　　　）
2. 国际陆上运输的运量普遍小于国际水上运输。　　　　　　　　　（　　　）
3. 国际航空货运业务中最常见的形式是航空速递业务。　　　　　　（　　　）
4. "一带一路"倡议辐射范围涵盖东盟、西亚、中亚、北美和欧洲。　（　　　）
5. 煤炭、水泥、石油等货物大多采用公路运输。　　　　　　　　　（　　　）

## 四、填空题

1. 国际陆上运输可分为国际间陆上（　　　　　　）货物运输和国际间陆上（　　　　　　）货物运输。
2. 国际航空运输有（　　　　　　）和（　　　　　　）两种运输方式。
3. "一带一路"是"（　　　　　　）"和"（　　　　　　）"的统称。
4. 国际间陆上铁路运输又称国际铁路联运，是指使用一份统一的（　　　　　　），由跨国铁路承运人办理两国或两国以上的铁路全程运输，并承担运输责任的一种连贯运输方式。

## 五、简答题

1. 国际货物运输的特点有哪些？

2. 国际陆上运输有何优势？

## 六、案例题

### （一）案例分析题

**请阅读案例，并根据案例回答第 1～2 小题。第 1～2 小题均为简答题。**

近年来，随着全球气候变暖，北极冰雪融化加速，北极在战略、安全、经济、科研、环保、航道、资源等方面的价值不断提升，受到国际社会的普遍关注。作为"一带一路"在北极的延伸，"冰上丝绸之路"近年来在科学研究、航道利用、经贸合作等方面取得了新进展，面对历史性机遇，中俄两国倡议共建"冰上丝绸之路"，共筑和繁荣"21世纪海上丝绸之路"。"冰上丝绸之路"的共建，使中俄互利共赢。俄罗斯十分了解北极资源和自然环境特点，其远东地区蕴藏着极为丰富的油气和矿产资源。中国东北地区可通过陆海联运进入"冰上丝绸之路"，向东通往日韩、向西穿越北冰洋驶向北欧，进而极大拓展贸易市场纵深。

（资料来源："冰上丝绸之路""热"了北极圈）

1. "冰上丝绸之路"主要采用哪一种国际物流运输方式？

2. 案例中的国际物流运输方式有何特点？

### （二）案例选择题

**请阅读案例，并根据案例回答第 1～4 小题。第 1～4 小题均为单项选择题。**

贸易自由和投资自由是海南自贸区制度建设的重点，港航业是支撑贸易和投资的基础性、先导性产业。在中国超大市场规模、巨大市场潜力和中国特色社会主义制度的背景下，海南港航业的后发优势越来越明显。

2017 年中国航海日公告发布的数据显示，海运承担了我国 90% 以上的进出口贸易运量。而对于海南来说，受限于地理位置及贸易种类，海运也是其主要的运输方式，空运其次。海口海关数据显示，2018 年，海南省进出口贸易货值 62% 的货物运输是由海运来承担的，而航空运输承担进出口贸易货值 34% 的货物运输。

（资料来源：聚焦海南：港航发展 整合提速）

1. 海南省进出口贸易的最主要运输方式是国际（ 　　 ）。
   A. 水上运输　　　　B. 陆上运输　　　　C. 航空运输　　　　D. 管道运输
2. 运价最高的国际物流运输方式是国际（ 　　 ）。
   A. 水上运输　　　　B. 公路运输　　　　C. 航空运输　　　　D. 铁路运输
3. 连续性最好的国际物流运输方式是国际（ 　　 ）。
   A. 水上运输　　　　B. 陆上运输　　　　C. 航空运输　　　　D. 管道运输
4. 运速最慢的国际物流运输方式是国际（ 　　 ）。
   A. 水上运输　　　　B. 陆上运输　　　　C. 航空运输　　　　D. 管道运输

### 拓展阅读

#### "冰上丝绸之路"——北极航道将大大改变全球航运格局

**北极航道将大大改变全球航运格局**

"要开展北极航道合作，共同打造'冰上丝绸之路'，落实好有关互联互通项目。"中国国家主席习近平 2017 年 7 月在莫斯科会见俄罗斯总理梅德韦杰夫时表示。4 个月后在北京会见梅德韦杰夫时，习近平主席再次表示要共同开展北极航道开发和利用合作，打造"冰上丝绸之路"。

中国提出共建"冰上丝绸之路"，有着历史和现实基础。自 1925 年加入《斯匹次卑尔根群岛条约》以来，中国关于北极的探索不断深入，实践不断增加，活动不断扩展，合作不断深化。近几十年来，随着全球变暖，开发利用北极航道出现历史性机遇。中国提出"一带一路"倡议，不断推进各国互联互通，自然而然成为"冰上丝绸之路"建设的倡导者和积极推动者。

北极航道包括东北航道、西北航道和中央航道。俄罗斯邀请与中国合作共建的东北航道西起西北欧北部海域，东到符拉迪沃斯托克，途经巴伦支海、喀拉海、拉普捷夫海、新西伯利亚海和白令海峡，是连接东北亚与西欧最短的海上航线。

英国广播公司报道，经北极航道从中国到荷兰鹿特丹估计只需要 20 天时间，而经苏伊士运河到鹿特丹目前需要航行 48 天。俄罗斯北极物流中心数据显示，2016 年经由北极东北航道航行的船舶共 297 艘，比上一年增加 35%。业内人士预测，随着北极海冰的消融，中俄、中欧来往东北航道的船舶将会逐年增多。

**中俄北极开发合作已取得积极进展**

俄罗斯今日经济通讯社援引俄罗斯北方与北极经济中心主任亚历山大·皮利亚索夫的话说，中国的北极政策是为了同各个国家共同建设"冰上丝绸之路"，让企业参与基础设施建设。皮利亚索夫认为，近年来，中国发展对外关系的重要抓手就是"一带一路"倡议，"冰上丝绸之路"是其重要组成部分。

早在 2015 年，俄罗斯外长拉夫罗夫就曾表示，中国是俄罗斯在北极合作最优先的伙伴之一。在 2017 年 12 月的年度新闻发布会上，俄罗斯总统普京正式提出邀请中国参与建设北极交通走廊，打造"冰上丝绸之路"。

中俄北极开发合作已取得积极进展。据中国商务部 2017 年 11 月介绍，两国交通部门正在商谈《中俄极地水域海事合作谅解备忘录》，不断完善北极开发合作的政策和法律基础。此外，两国企业积极开展北极地区的油气勘探开发合作，商谈北极航道沿线的交通基础设施建设。

俄罗斯在北极地区开展的规模最大的国际能源合作项目是亚马尔液化天然气项目，该项目被普京称为"俄中友好合作的鲜明例子"。中国石油天然气集团公司（以下简称"中石油"）全价值链参与该项目运作。截至 2017 年 10 月底，中俄双方已签订 96%产量共计 1478 万吨液化天然气长期销售协议。中石油与中国工商银行、国家开发银行和丝路基金，一共为项目完成等值 190 亿美元国际融资，占比达 63%。建造天然气工厂需要的 142 块模块中，以中国石油集团海洋工程有限公司为代表的 7 家中国企业承揽了 120 个。项目建设及运输产品所用的 30 艘船舶中有 7 艘是中国制造，15 艘天然气运输船中的 14 艘由中国企业负责运营。

**北欧国家愿积极参与"冰上丝绸之路"建设**

冰岛作为北极区域国家，与中国在极地问题上始终保持密切合作。2012 年中冰两国签署《中冰海洋和极地科技合作谅解备忘录》，双方合作进一步深化。"冰上丝绸之路"倡议的提出无疑将赋予中冰在极地问题上的合作更多内涵。

目前中冰两国极地合作主要集中在科研领域。北极圈大会主席、冰岛前总统格里姆松表示，期待中方将中冰科研合作领域拓展到冰川学、新能源等方面，为人类认识北极、应对气候变化等全球性挑战做出更多贡献。

芬兰作为北极区域大国，对与中国在极地开展务实的基础设施合作始终兴趣浓厚。芬兰欢迎中国提出的"冰上丝绸之路"倡议，希望推动其与芬兰国内"北极走廊"计划对接，使芬兰成为联通北极和欧亚大陆的枢纽国家。

芬兰规划中的北极铁路将连通波罗的海经济区与北冰洋深水港区。"北极走廊"项目负责人洛西时表示,"冰上丝绸之路"倡议不论是对芬兰还是对整个北极地区都有着极其重大的意义,芬兰愿意成为"冰上丝绸之路"向北欧和欧洲大陆延伸的门户国家。

(资料来源:人民日报)

## 任务三 知悉国际物流节点

### 温故知新

**一、单项选择题(从每小题给出的四个备选答案中选出一个正确答案,并将所选答案的字母填在括号内)**

1. 货站、编组站、车站、机场属于( )。
   A. 转运型节点 　　　　　　　　　　　B. 储存型节点
   C. 流通加工型节点 　　　　　　　　　D. 综合型节点

2. 国际物流中心、自由经济区属于( )。
   A. 转运型节点 　　　　　　　　　　　B. 储存型节点
   C. 流通加工型节点 　　　　　　　　　D. 综合型节点

3. 既是亚太地区最大的转口港,也是世界最大的集装箱港口之一的是( )。
   A. 鹿特丹港 　　B. 釜山港 　　C. 新加坡港 　　D. 香港港

4. 位于长江三角洲前缘,扼长江入海口,地处长江东西运输通道与海上南北运输通道的交汇点,属于中国沿海的主要枢纽港的是( )。
   A. 上海港 　　B. 香港港 　　C. 宁波港 　　D. 舟山港

5. 象征着一个国家主权,是一个国家对外开放的门户,也是国际货运的枢纽的是( )。
   A. 港口 　　B. 机场 　　C. 口岸 　　D. 国际物流中心

6. 具有水陆联运设备和条件,是供船舶安全进出和停泊的运输枢纽,也是水陆交通的集结点和枢纽的是( )。
   A. 港口 　　B. 机场 　　C. 口岸 　　D. 国际物流中心

7. 既是物流系统的基础设施和管理中心,也是基础设施集中、货物配送、运输调度、交通枢纽的中心的是( )。
   A. 港口 　　B. 机场 　　C. 口岸 　　D. 国际物流中心

8. 以连接不同运输方式为主要职能的节点是( )。
   A. 转运型节点 　　　　　　　　　　　B. 储存型节点
   C. 流通加工型节点 　　　　　　　　　D. 综合型节点

9. 以存放货物为主要职能的节点是( )。
   A. 转运型节点 　　　　　　　　　　　B. 储存型节点
   C. 流通加工型节点 　　　　　　　　　D. 综合型节点

10. 以组织货物在系统中的运动为主要职能，并根据需要对货物施加包装、分割、计量、组装、刷标志、商品检验等作业的节点是（　　　）。

    A. 转运型节点　　　　　　　　　　B. 储存型节点

    C. 流通加工型节点　　　　　　　　D. 综合型节点

## 二、多项选择题（下列每小题给出的四个选项中，至少有两个选项是符合题目要求的，请将所选答案的字母填在括号内）

1. 国际物流网络水平的高低、功能的强弱取决于网络中的（　　　）。

    A. 线路　　　　　B. 物流速度　　　　　C. 节点　　　　　D. 物流量

2. 常见的国际物流节点有（　　　）。

    A. 口岸仓库　　　　B. 物流园区　　　　C. 物流中心　　　　D. 保税区仓库

3. 根据主要功能不同，国际物流节点分为（　　　）。

    A. 转运型节点　　　B. 储存型节点　　　C. 流通加工型节点　D. 综合型节点

4. 海关的权力主要有（　　　）。

    A. 检查权　　　　B. 查阅权　　　　C. 查问权　　　　D. 查验权

5. 按照出入境的运输方式划分，口岸可分为（　　　）。

    A. 港口口岸　　　B. 管道口岸　　　C. 陆地口岸　　　D. 航空口岸

## 三、判断题（正确的打"√"，错误的打"×"）

1. 作为物流场所，一个城市或一个大的区域都可看成国际物流节点。　　　　（　　　）

2. 一类口岸是指由省级人民政府批准开放并管理的口岸。　　　　　　　　（　　　）

3. 鹿特丹港是荷兰的海港。　　　　　　　　　　　　　　　　　　　　　（　　　）

4. 釜山港是韩国最大的港口。　　　　　　　　　　　　　　　　　　　　（　　　）

5. 香港由九龙半岛和新界等两个区域组成。　　　　　　　　　　　　　　（　　　）

## 四、填空题

1. （　　　　　　）与（　　　　　　）的相互关联构成不同的国际物流网络。

2. 国际物流节点的功能可概括为作业、（　　　　）、（　　　　）、管理四大功能。

3. 按照出入境的运输方式划分，口岸可分为（　　　　）口岸、（　　　　）口岸和（　　　　）口岸三种。

4. 仓库具有克服生产和消费在（　　　　　　）间隔上的作用。

5. 港口具有运输功能、（　　　　　）功能、（　　　　　）功能和物流功能。

## 五、简答题

1. 国际物流节点一般采取什么手段来衔接物流？

2. 主要的国际物流节点有哪些？

## 六、案例题

### （一）案例分析题

请阅读案例，并根据案例回答第 1～2 小题。第 1～2 小题均为简答题。

2019 年 1 月 17 日，习近平总书记来到天津港码头时强调，经济要发展，国家要强大，交通特别是海运首先要强起来。要志在万里，努力打造世界一流的智慧港口、绿色港口，更好服务京津冀协同发展和共建"一带一路"。这为天津港新时期发展注入了精神动力。天津港位于"一带一路"海陆交汇点，同 200 多个国家和地区的 800 多个港口保持航运贸易往来，集装箱班轮航线达近 130 条，每月航班 550 余班，通达世界各主要港口，成为国际资源配置的重要枢纽之一，连续多年跻身世界港口前十强。

（资料来源：天津港：逐梦深蓝 全力打造"一流港口"）

1. 除了港口，还有哪些国际物流节点？

2. 国际物流节点有哪些功能？

### （二）案例选择题

请阅读案例，并根据案例回答第 1～3 小题。第 1～3 小题均为单项选择题。

据统计，2018 年全球港口（规模）排名中，上海港以 4201 万 TEU 登顶集装箱规模第一，这已是上海港连续九年占据头名，而以货物吞吐量来计算，去年累计排名第一的是宁波-舟山港。从整个中国来看，到 2018 年年末，我国港口拥有生产用码头泊位 23 919 个，是 1949 年的 148.6 倍。2018 年我国港口货物吞吐量达到 143.5 亿吨、集装箱吞吐量为 2.51 亿 TEU，规模遥居世界首位。其中 7 个港口货物吞吐量为 5 亿吨以上，8 个港口集装箱吞吐量为 1000 万 TEU 以上。在全球集装箱港口排名中，前 10 位中国占了 7 个。

（资料来源：剑指一流 打造世界级港口群）

1. 上海港位于（　　）。
   - A. 南海沿岸
   - B. 粤港澳大湾区
   - C. 长江三角洲前缘
   - D. 珠江三角洲前缘
2. 港口属于国际物流（　　）。
   - A. 线路
   - B. 节点
   - C. 运输方式
   - D. 网络
3. 港口一般不具有（　　）。
   - A. 农业功能
   - B. 工业功能
   - C. 商业功能
   - D. 物流功能

## 拓展阅读

### 伦敦国际航运中心模式变迁之启示

伦敦曾是第一代国际航运中心，拥有成熟的连锁航运服务。如今，伦敦港口的主体已外移，排名在世界集装箱港口 100 强之外，航运中心的物理功能已下降，但仍是重要的世界航运"神经"节点，是全球无可争议的航运定价中心和管理中心，并通过海事服务创造比传统港口业更大的收益，实现航运中心模式的完美转型。这主要归功于以下几点。

#### 1. 港区分离、传统港口外迁

19 世纪末 20 世纪初，伦敦码头区曾经是当时全球最大的港务综合区之一。20 世纪 40 年代，随着港口硬件设施外移到提尔伯里港和沿河下游，伦敦采取了港区分离的模式，陆续关闭紧挨市区的两大港区；为适应集装箱船靠泊需要，从 1967 年起在泰晤士河口以北离伦敦市中心近 100 千米的费利克斯托兴建集装箱枢纽港；1990 年又在泰晤士河口离市中心 56 千米外，新建泰晤士港，而原市内码头区已用于非海运的商业办公、娱乐休闲和房产开发，并依靠波罗的海航运交易所，在市中心城区建设航运服务软环境，大力发展产业链上游产业，如航运融资、海事保险、海事仲裁等。

#### 2. 引入私人公司对老码头进行改造

第二次世界大战以后，在英国工业总体衰退的大形势下，老码头已经不能适应新的航运技术和现代交通联系的要求，伦敦码头区逐渐衰退。英国政府通过立法向伦敦道克兰码头区城市开发公司进行授权，对道克兰码头区进行重新规划开发。开发于 1981 年正式启动、1998 年结束，历时 17 年。开发目标是将该地区打造成"伦敦的一个全新的金融、商业、商务区，一个新地标和最有活力的区域"。为了推动伦敦码头区的开发，国家投入了大量资金，主要用于购买和平整土地、环境整治及基础设施建设，斥巨资兴建了 35 千米的无人驾驶轻轨系统和伦敦城市机场，使得码头区土地迅速升值。伦敦码头区的开发取得了巨大的成功，一方面，它成功地帮助伦敦市实现了城市复兴与经济转型的目标；另一方面，在政府财政困难的情况下，成功地吸引了私人资金，顺利实施了码头区的开发。

#### 3. 建设航运服务集聚区

作为历史最悠久的世界航运服务中心，伦敦是建设现代航运服务集聚区的成功典范。伦敦通过港区分离的模式，将港口硬件设施外移到提尔伯里港和沿河下游，依靠波罗的海航运交易所拓展航运相关产业，如航运融资、海事保险、海事仲裁等。如今这些都已成为航运服务业方面的世界品牌，并且拥有数千家上规模的各类航运服务企业。伦敦凭借其规模巨大的航运服务产业仍保持着全球顶级国际航运中心的地位，世界上大约有一半的船只交易业务在此成交，聚集着国际海事组织总部、国际海运联合会、国际货物装卸协调协会、波罗的海航运交易所、波罗的海和国际海事公会等诸多国际航运组织。

伦敦航运中心模式的变迁和特点提供了以下启示。

#### 1. 航运服务功能是保持国际航运中心竞争力的关键

港口发展与所在地区制造业发展程度有关，会随制造业转移而变迁。当前上海港口业快速发展正是继英伦港口、纽约、东亚诸港兴起之后的第四次影响国际航运历史和全球港口业务格局的行业浪潮。但国际航运中心功能是一个递进的概念，其功能发展的轨迹随着世界经济和技术的进步与变化而发生相应的进步与变化。伦敦航运中心模式变迁的经验告诉我们，保持航运中心竞争力的关键是提升航运服务功能。

**2. 金融、法律及人才环境的完善是航运服务业发展的保障**

伦敦之所以成为全球唯一的不以大港为依托的航运服务中心，是因为其曾经是全球的大港，是航运服务部门集中之地。伦敦发展经验还表明，即使装卸服务中心外移，其高端服务也不会随之消失。伦敦能形成当前全球唯一的以航运服务和交易为主的航运中心，在于其长期的海运发展传统和由此聚集的人才力量。同时，金融中心和航运中心是相伴而生的，即金融中心的发展源于航运中心，航运中心的发展离不开金融的支持。

**3. 航运高端服务业向亚洲转移或成可能**

目前世界航运业发展存在不匹配状态。由于全球制造业和贸易的转移使得航运重心在亚洲，而航运服务中心却在欧洲，有"鞭长莫及"之感。同时由于伦敦的高房价、高工资不断提高其提供航运服务的成本，有研究报告指出，虽然现时伦敦航运服务业的突出地位受到肯定，但未来 10～20 年伦敦将丧失其航运服务的优势地位。因而航运高端服务转向亚洲已成为必然趋势，而东移的目标无疑以中国为首选。上海以长三角地区为腹地、以中国经济快速发展为依托、以上海已经在国内具备的金融和人才汇聚优势为基础，在完成航运中心硬件建设、港口吞吐量成为世界第一大港之际要未雨绸缪抓住航运服务业东移的机会。

（资料来源：中国物流与采购网）

## 任务四　认识国际多式联运

### 温故知新

**一、单项选择题（从每小题给出的四个备选答案中选出一个正确答案，并将所选答案的字母填在括号内）**

1. 大陆桥运输是一种（　　　）。
   A. "陆—海—陆"连贯运输方式　　　　B. "陆—陆—海"连贯运输方式
   C. "海—陆—陆"连贯运输方式　　　　D. "海—陆—海"连贯运输方式

2. 严格地讲，大陆桥运输是一种什么形式？（　　　）
   A. 海空联运　　　B. 陆空联运　　　C. 海陆联运　　　D. 陆陆联运

3. 大陆桥是指把海与海连接起来的横贯大陆的（　　　）。
   A. 公路　　　　　B. 桥梁　　　　　C. 铁路　　　　　D. 河流

4. 第一亚欧大陆桥是（　　　）。
   A. 西伯利亚大陆桥　　　　　　　　　B. 新亚欧大陆桥
   C. 美国大陆桥　　　　　　　　　　　D. 加拿大大陆桥

5. 第二亚欧大陆桥是（　　　）。
   A. 西伯利亚大陆桥　　　　　　　　　B. 新亚欧大陆桥
   C. 美国大陆桥　　　　　　　　　　　D. 加拿大大陆桥

6. 第一亚欧大陆桥与第二亚欧大陆桥的终点都是（　　　）。
   A. 荷兰的鹿特丹　　　　　　　　　B. 德国的杜伊斯堡
   C. 俄罗斯的圣彼得堡　　　　　　　D. 法国巴黎

7. 新亚欧大陆桥在我国境内经过（　　　）。
   A. 大秦铁路　　　　　　　　　　　B. 陇海、兰新铁路
   C. 京广铁路　　　　　　　　　　　D. 京九铁路

8. 海空联运也称为（　　　）。
   A. 空桥运输　　　B. 水桥运输　　　C. 陆桥运输　　　D. 管桥运输

9. 美国大陆桥东起（　　　）。
   A. 华盛顿　　　　B. 芝加哥　　　　C. 旧金山　　　　D. 纽约

10. 美国大陆桥西至（　　　）。
    A. 华盛顿　　　　B. 芝加哥　　　　C. 旧金山　　　　D. 纽约

## 二、多项选择题（下列每小题给出的四个选项中，至少有两个选项是符合题目要求的，请将所选答案的字母填在括号内）

1. 国际多式联运的组织形式主要有（　　　）。
   A. 海海联运　　　B. 海陆联运　　　C. 海空联运　　　D. 陆空联运

2. 目前广泛使用的大陆桥有（　　　）。
   A. 西伯利亚大陆桥　　　　　　　　B. 新亚欧大陆桥
   C. 美国大陆桥　　　　　　　　　　D. 加拿大大陆桥

3. 新亚欧大陆桥在我国境内经过（　　　）。
   A. 京广铁路　　　B. 陇海铁路　　　C. 兰新铁路　　　D. 大秦铁路

4. 北美大陆桥是连接哪两个大洋的大陆通道？（　　　）
   A. 太平洋　　　　B. 大西洋　　　　C. 印度洋　　　　D. 北冰洋

5. 国际海空联运线路主要有（　　　）。
   A. 远东—欧洲　　　　　　　　　　B. 远东—中南美
   C. 远东—中近东、非洲、大洋洲　　D. 欧洲—非洲

## 三、判断题（正确的打"√"，错误的打"×"）

1. 海海、陆陆、空空的联运不属于国际多式联运的范畴。　　　　　　（　　　）
2. 相关公约严格规定，至少采用三种运输方式进行联运才属于多式联运。（　　　）
3. 北美大陆桥运输是指利用北美的大公路从远东到欧洲的"海—陆—海"联运方式的运输。　　　　　　　　　　　　　　　　　　　　　　　　　　　（　　　）
4. 航空运输与海运的巨大差异，特别是海运集装箱和空运集装箱的小兼容性，导致海空联运受到一定的限制。　　　　　　　　　　　　　　　　　　　（　　　）
5. 在欧洲和美国，很多航空货物由铁路经长途运输到达各大航空公司的基地，再由飞机运往各目的地。　　　　　　　　　　　　　　　　　　　　　（　　　）

## 四、填空题

1. 海陆联运的主体是（　　　　　　）。
2. 大陆桥运输把横贯大陆的铁路或公路作为中间 "（　　　　　　）"。
3. 海空联运又被称为（　　　　　　）。
4. 美国大陆桥东起（　　　　　），西至（　　　　　　）。

## 五、简答题

1. 什么是国际多式联运？

2. 国际多式联运有哪些优势？

## 六、案例题

### （一）案例分析题

请阅读案例，并根据案例回答第 1～2 小题。第 1～2 小题均为简答题。

2019 年，舟山港拥有粮食泊位 8 个、总设计年通过能力 3500 万吨，进口粮食进江量居全国第一。2019 年 4 月初，从国外进口的 1.8 万吨散装大豆，在舟山散改集后，直运长江沿线的黄石港再转铁路至重庆，减少了卸载次数，减去了以往过长江三峡船闸容易滞留的环节，节省了运输时间。此前，舟山积极推动出台江海直达船舶规范标准体系，率先在全国建成运营首艘 2 万吨级江海直达船舶。

（资料来源：创新驱动 推进长江航运高质量发展）

1. 舟山港主要采用何种国际多式联运？

2. 简要说明案例中这种多式联运方式的具体做法。

### （二）案例选择题

请阅读案例，并根据案例回答第 1～3 小题。第 1～3 小题均为单项选择题。

《中国集装箱与多式联运发展报告（2018）》数据显示，2018 年，中国规模以上港口完成铁水联运货运量 450 万 TEU，同比增长 29.4%，占规模以上港口集装箱吞吐量的 1.8%。

近五年年均增长率为 27.8%，超过《推进运输结构调整三年行动计划（2018—2020 年）》等相关政策中集装箱铁水联运货运量年均增长 10% 以上的目标。但是，港口铁水联运场站能力利用率普遍不高，均未达到 80% 的相对饱和状态。

（资料来源：多式联运，进入全面发展时期）

1. 案例涉及的国际多式联运的组织形式是（　　）。
   A. 公铁联运　　　　B. 海陆联运　　　　C. 海空联运　　　　D. 陆空联运
2. 国际多式联运的主要组织形式是（　　）。
   A. 公铁联运　　　　B. 海陆联运　　　　C. 海空联运　　　　D. 陆空联运
3. 下列不属于国际多式联运的是（　　）。
   A. 公铁联运　　　　B. 海陆联运　　　　C. 海空联运　　　　D. 海海联运

## 拓展阅读

### 多式联运："铁陆空"联动打造新疆"速度"

"波斯老贾度流沙，夜听驼铃识路赊。采玉河边青石子，收来东国易桑麻。"地处丝绸之路经济带核心区的新疆，毗邻八国，独特地缘优势造就了"铁陆空"联运的运输新常态。

**从铁路末梢到集结高地**

以往，新疆铁路就全国地理位置而言，可以说是位于末梢。五年砥砺前行，伴随着四通八达的铁路路网不断延伸，新疆铁路货运已完成从"路网末梢"到"集结高地"的转变。

近年来，新疆铁路货运运输规模、效率大大提高。铁路货运的发展促进了疆内各企业原材料输入和产品输出，畅通了运输渠道，带动了天山南北产业的发展。

自 2016 年 5 月 26 日中欧班列乌鲁木齐集结中心开行首趟班列以来，在这里集结始发的班列从最初一周开行一列，快速发展到现在一天开行两列的规模。

2017 年 5 月 19 日，乌鲁木齐—连云港—新德里公铁海联运班列开通，实现了铁路、海运和公路三种运输方式的无缝对接，为客户减少物流环节、节省运输时间、降低综合成本。乌鲁木齐—连云港—新德里公铁海联运班列从乌鲁木齐出发，经由连云港装船出海，运往印度那瓦西瓦港，再通过公路转运新德里，首次在国内实现了"丝绸之路经济带"和"21 世纪海上丝绸之路"贯通，构建了新疆东联西出、西进东出的大通道。

**新疆货运"速度"飞起来**

不光是铁路，公路、航空的发展也有力推动着新疆货运的"加速度"。

据统计，五年来，全疆机场航空业务量增长势头迅猛，2012 年货邮吞吐量为 14.3 万吨，2016 年货邮吞吐量增至 18.2 万吨。

近年来，新疆精河枸杞以优良的品质受到青睐，每年枸杞成熟季节，均有批量枸杞采取航空运输。从事多年枸杞运输销售的张友成说："今年的运量比去年至少增长两成，航空运输不仅快，而且货品管理保障方面非常好，比如有全流程货物跟踪管理系统，可实时跟踪、快速识别，现在货物收运、组装速度提高了三成以上。"

新疆机场（集团）有限责任公司乌鲁木齐国际机场分公司货运部国内货站站长万翔说，近年来，乌鲁木齐机场货运量不断增加，航线加密，航空的发展有力推动了新疆货运发展。

"伽师瓜、杏子、西梅、香梨、苹果……"新疆天山牧歌农业科技发展有限责任公司副总经理刘建伟说，"这些水果现在正'坐'着冷链运输车从喀什前往北京、上海、南京、宁波、厦门、长沙等地。"

## 物流企业布局"丝绸之路经济带"

早上下单，同城小件中午送达；下午下单，同城小件次日送达，仅从快递"速度"就可彰显新疆发展"速度"。

随着新疆航空、铁路、公路基础设施建设的快速发展与汽车产业的不断进步，许多企业也纷纷开始来新疆布局。

顺丰速运西北分拨区副总经理张峰伟介绍，近年来，公司投入航空、铁路、公路等各种资源，新疆快件的货量、时效都得到较大提升，但受场地限制，快件中转的速度依然受限。

不仅如此，杭州圆通货运航空有限公司于2017年10月10日开通西安—银川—吐鲁番定期货运航线，并将吐鲁番作为其货运基地，预计全年货运吞吐量达8580吨。

该公司工作人员说，航线开通后将逐渐把吐鲁番打造成圆通速递新疆航空货运中转和分拨中心，对吐鲁番的葡萄、哈密瓜等特色农副产品快速"走出去"，吸引大型资本投资，实现疆内和西北地区物资快递中转流通具有重要作用。

喀什具有"五口通八国，一路连欧亚"的独特区位优势，奠定了喀什在"丝绸之路经济带"和"中巴经济走廊"中的重要地位。近年来，随着"丝绸之路经济带"核心区的建设，喀什商贸物流产业呈现出迅猛发展的态势。

此外，2017年乌鲁木齐机场取得进境水产品和进境水果口岸资质，并建立了乌鲁木齐机场跨境电商分拨中心，为更多相关产品进口搭建绿色通道，缩短进口时间，有效降低了综合物流成本，对于货物通达、服务市民具有重要意义。

（资料来源：天山网）

# 项目八

## 认识物流信息技术

## 任务一　了解物流信息系统

### 温故知新

**一、单项选择题（从每小题给出的四个备选答案中选出一个正确答案，并将所选答案的字母填在括号内）**

1. 物流信息系统简称（　　）。
   A. MIS　　　　　　B. LIS　　　　　　C. WMS　　　　　D. TMS
2. 位于物流信息系统的最高层的是（　　）。
   A. 决策层　　　　B. 控制层　　　　C. 作业层　　　　D. 管理层
3. 位于物流信息系统的中间层的是（　　）。
   A. 决策层　　　　B. 控制层　　　　C. 作业层　　　　D. 管理层
4. 位于物流信息系统的底层的是（　　）。
   A. 决策层　　　　B. 控制层　　　　C. 作业层　　　　D. 管理层
5. 物流信息系统发挥作用的前提和基础是（　　）。
   A. 信息输出　　　B. 信息存储　　　C. 信息处理　　　D. 数据收集
6. 库存管理、配送管理属于物流信息系统的（　　）。
   A. 决策层　　　　B. 控制层　　　　C. 作业层　　　　D. 管理层
7. 接受顾客的订单、出入库作业属于物流信息系统的（　　）。
   A. 决策层　　　　B. 控制层　　　　C. 作业层　　　　D. 管理层
8. 物流战略的制定和经营方针的决策属于物流信息系统的（　　）。
   A. 决策层　　　　B. 控制层　　　　C. 作业层　　　　D. 管理层
9. 下列关于数据与信息的说法正确的是（　　）。
   A. 数据和信息是完全相同的　　　　B. 数据是得到信息的基础
   C. 数据往往可以直接利用　　　　　D. 信息往往不可以直接利用
10. 物流信息系统的最后一项功能是（　　）。
    A. 数据收集　　　B. 信息存储　　　C. 信息处理　　　D. 信息输出

**二、多项选择题（下列每小题给出的四个选项中，至少有两个选项是符合题目要求的，请将所选答案的字母填在括号内）**

1. 物流信息系统按系统采用的技术分类可分为（　　）。
   A. 单机系统　　　　　　　　　　　B. 内部网络系统
   C. 办公自动化系统　　　　　　　　D. 与合作伙伴及客户互联的系统
2. 物流信息系统按管理决策的层次分类可分为（　　）。
   A. 物流作业管理系统　　　　　　　B. 物流协调控制系统
   C. 物流决策支持系统　　　　　　　D. 企业间信息系统

3. 物流信息系统按功能分类可分为（　　　）。
    A. 企业间信息系统　　　　　　　　B. 物流作业管理系统
    C. 决策支持系统　　　　　　　　　D. 办公自动化系统
4. 物流信息系统可面向（　　　）。
    A. 制造企业　　　B. 供应商　　　C. 中间商　　　D. 零售商
5. 物流信息系统的功能有（　　　）。
    A. 数据收集　　　B. 信息存储　　　C. 信息处理　　　D. 信息输出

## 三、判断题（正确的打"√"，错误的打"×"）

1. 从水平方向看，物流信息系统可分为三个层次，即决策层、控制层和作业层。
（　　　）
2. 物流信息系统的最根本目的就是要将输入的数据加工处理成物流系统所需要的物流信息。
（　　　）
3. 信息处理是物流信息系统的最后一项功能。（　　　）
4. 作业层的主要职能有库存管理、配送管理等。（　　　）
5. 物流信息系统是物流系统高层次的活动。（　　　）

## 四、填空题

1. 按物流信息系统的功能分类，物流信息系统可分为（　　　　　）系统、办公自动化系统、（　　　　　）系统、（　　　　　）系统、高层支持系统、企业间信息系统。
2. 从（　　　　　）方向看，物流信息系统贯穿供应物流、生产物流、销售物流、回收和废弃物物流等物流形式的运输、仓储、装卸搬运、包装、流通加工等各个物流作业环节。
3.（　　　　　）主要进行物流战略的制定和经营方针的决策。

## 五、简答题

1. 什么是物流信息系统？

2. 物流信息系统有哪些功能？

## 六、案例题

### （一）案例分析题

**请阅读案例，并根据案例回答第 1～2 小题。第 1～2 小题均为简答题。**
RFID 货物定位可视化管理为某批货物粘贴 RFID 电子标签，通过读写器可以将该批次货物进行日期、货物种类、货物所属客户等一系列信息记录到 RFID 电子标签当中；将货物运输到指定货位后，再次使用读写器为该批货物进行货架定位，并传输到系统当中。通过上述一系列的操作，管理者可以在屏幕上看到整个仓库中每批货物的所在位置及信息。

当货物需要运输出库时，同样通过读写器一次性读取信息并传输到系统当中，这样高效快捷的出库过程，相较于传统的出库流程节约了大量的人力与时间，并且在货物装车后，车上载有 GPS 定位系统可以有效与 RFID 物流仓储管理系统进行对接，实时反馈该批货物的位置。同时车辆内可以装载温度传感器等设备，对有特殊需求的货物进行实时数据反馈，从而实现对货物的精细化管理。

（资料来源：可视化智慧物流仓储管理系统）

1. 案例内容属于物流信息系统层次结构中的哪一个层次？

2. 物流信息系统有哪些基本功能？

### （二）案例选择题

**请阅读案例，并根据案例回答第 1～3 小题。第 1～3 小题均为单项选择题。**

2019 年 11 月 28 日，百度地图在上海召开智能物流行业峰会，重磅发布"智能物流引擎 2.0"，为物流企业提供货车导航、智能区划管理平台等核心场景位置服务，全面助力快递物流产业降本增效。

全新发布的智能物流引擎 2.0 全景架构更为丰富立体。在底层数据中，将丰富的基础地理数据和物流行业数据整合，可对物流行业输出定位、地图、导航、路线规划、轨迹、搜索、路况七大基础服务，还能针对客户下单、物流分单、运配和运营分析等场景提供专业的行业服务。此外，百度地图作为百度智能小程序生态联盟重要成员，可以为物流行业小程序提供流量入口。整体而言，智能物流引擎 2.0 可为电商、即时配送、快递、零担、整车、货运平台、综合物流、物流方案等全域物流行业提供组件化、场景化、智能化的解决方案。

（资料来源：百度地图智能物流行业峰会：全新发布智能物流引擎2.0，助力货运高峰）

1. 百度地图智能物流引擎 2.0 主要面向（　　　）。
   A. 制造企业　　　　B. 零售商　　　　C. 物流企业　　　　D. 供应商
2. 百度地图智能物流引擎 2.0 属于（　　　）。
   A. 单机系统　　　　　　　　　　B. 内部网络系统
   C. 局域网络系统　　　　　　　　D. 与合作伙伴及客户互联的系统
3. 下列不属于物流信息系统的主要功能的是（　　　）。
   A. 信息输出　　　B. 信息篡改　　　C. 信息处理　　　D. 信息传输

## 拓展阅读

### 卡行天下：货运界的阿里巴巴

今天，卡行天下是中国最大的货运交易网络平台，致力于改进中国传统物流行业。2011年，由物流行业投资基金钟鼎创投领投，卡行天下获得A轮融资；2014年，由阿里巴巴旗下的菜鸟网络领投，卡行天下获得B轮融资；2015年，由全球物流地产巨头普洛斯、中国零担物流巨头德邦物流领投，菜鸟网络、钟鼎创投、医药物流企业九州通全面跟投，卡行天下完成C轮融资。2015年12月，卡行天下从国泰君安获得C+轮融资。

#### 小微物流企业代言人

商务部数据显示，从发货方看，中国有5000万家生产商贸型企业，年营业额在1000万元以上的大型企业只占6%，另外94%都是中小微型企业，物流成本占到这些企业年营业额的10%。从承运方看，德邦物流、佳吉物流、华宇物流的直营体系只占3%左右，另外约97%都是中小物流企业。当买卖双方都是数量大、体量小的情况时，撮合供需信息的平台就会应运而生。

在没有平台的日子里，各方都是电话沟通、手工对账、手工结算。中国的物流成本占GDP的比重是21%，之后降到18%。10多年过去了，物流成本还是没有降下来。原因是，90%以上货物都由中小发货商和中小承运人手工完成。在运输总成本中，给司机的车费、油费占到四五成，过桥过路费占到二三成，剩下的都是协同过程中的成本耗损：比如，有一票货急着送到上海浦东，只能找到3吨的车，但手头只有1吨的货，货没有把车装满就导致配送效率不高。

影响配送效率的另一个因素是信息不流通和处置随意。假设5吨货从上海发到北京，如果小车堵在路上，那么物流专线的大车司机是等不来的，而如果赶不上当天发车，就只能延后一天发货，这样既要在当地消耗临时的仓储成本，又要把客户的交期延后一天。比如，同样是5吨货，铁块也就一点点大，卫生纸却可能塞满一车，大车司机说车内位置不够，先发两吨货吧，就有三吨货滞留下来，这就会造成客户体验差。

有的货运交易网络平台向所有车辆和司机开放（即"生人生车"模式），但卡行天下只向有进出货园区，或与平台成员交易过的车辆和司机开放（即"熟人熟车"模式）。卡行天下的数据平台可以抓取、展现每辆车给平台上其他成员单位服务的准时率、接单量，以及有哪些好评或差评。对园区（发货方）而言，运输公司（承运人）的征信也一览无遗，征信记录越好，能从平台拿到的贷款额度越高，利率越低。价格战时代"劣币驱逐良币"，互联网时代要把"良币"凸显和扶持起来。

#### 阿里巴巴模式在货运界

卡行天下将散落在中国各个城市的小微企业编织成网，形成大规模运输网络，有700多家小微物流企业在线交易。在这里，每一票货物都是"一票交易到底"的，中间需要4~5个独立结算单位协同完成，平台要做的就是帮几千家企业分任务、分责任、分钱。今天，用户只要安装一个手机App，就能看到附近有哪些车辆，最近常用哪些公司的车，车辆、司机价格如何——跟使用打车软件一样方便。

今天，当上海某园区内企业把货物交给一家负责同城配送的小微物流企业时，后者会在平台上找小车，再找到往返上海到合肥的物流专线公司，之后专线公司再在平台上找一辆用于干线运输的大车。有了互联网定位技术，专线公司可以在平台上跟踪车辆、司机的移动轨迹，承运人可以看到货物的移动轨迹。发货方和承运人之间的支付、对账、结算、任务派送都在平台上完成。车辆抵达合肥签到之后，再把货派送给合肥本地的同城配送公司。

卡行天下不拥有任何一台车，平台上的两家成员公司每交易一次，卡行天下就收取1%的交易管理费。

**物流电商化**

互联网与运输网络有异曲同工之处。每一家小微企业就好像互联网上的一个节点，卡行天下赋予小微企业强大的物流能力。过去，小微企业只能把车拉到物流公司发货，随着接单量变大，平台可以让它拉出一条专线。当一票货从四川绵阳发到浦东时，直营网络一般要在省会成都中转一次，专线则可以直达，平台的路线配置更加灵活，可以计算出时间最短、运费最低等不同的运输方案。所有城市全部直达，无须中转，网络时效比重资产直营网络高40%，平均运费比重资产直营网络低50%。

阿里巴巴是卡行天下的股东，因此卡行天下享受了阿里云、高德地图等技术。对于电商平台的互联网架构，卡行天下基本都在用。未来趋势是"物流电商化"，像网购一样去采购物流服务——货物要发往哪个方向、什么时候发货、怎么走、定什么样的价格……全都在线上配置完成。

（资料来源：经济观察报）

## 任务二  熟悉物流信息技术

### 温故知新

**一、单项选择题（从每小题给出的四个备选答案中选出一个正确答案，并将所选答案的字母填在括号内）**

1. 电子数据交换简称（    ）。
   A. GPS          B. GIS          C. EDI          D. RFID
2. 射频识别简称（    ）。
   A. GPS          B. GIS          C. EDI          D. RFID
3. 地理信息系统简称（    ）。
   A. GPS          B. GIS          C. EDI          D. RFID
4. 全球定位系统简称（    ）。
   A. GPS          B. GIS          C. EDI          D. RFID
5. 创建GPS的国家是（    ）。
   A. 英国          B. 美国          C. 俄罗斯          D. 法国
6. 可以加强车辆的监控，而且能通过选择最优路径来减少车辆损耗、节约运输时间和运输成本，从而提高经济效益的技术是（    ）。
   A. GPS          B. GIS          C. EDI          D. RFID

7. 自动收费或者识别车辆身份采用的技术是（　　）。
   A. GPS　　　　　B. GIS　　　　　C. EDI　　　　　D. RFID
8. 整个 EDI 系统中最关键的部分是（　　）。
   A. EDI 软件　　　B. EDI 硬件　　　C. EDI 标准　　　D. 通信网络
9. 产品追溯系统一般采用的技术是（　　）。
   A. 条码技术　　　B. 电子数据交换　C. 全球定位　　　D. 射频识别
10. 关于一维条码和二维条码的说法错误的是（　　）。
   A. 一维条码只是在一个方向上表达信息
   B. 二维条码是在两个方向上表达信息
   C. 二维条码储存的数据是一维条码的几倍
   D. 一维条码和二维条码都是我国目前主要使用的条码

二、多项选择题（下列每小题给出的四个选项中，至少有两个选项是符合题目要求的，请将所选答案的字母填在括号内）

1. 条码技术的优点主要有（　　）。
   A. 输入速度快　　　　　　　　　B. 可靠性高
   C. 条码设备易于操作　　　　　　D. 成本高
2. 构成 EDI 系统的要素有（　　）。
   A. EDI 软件　　　B. EDI 硬件　　　C. 通信网络　　　D. 数据标准化
3. 地理信息系统包括（　　）。
   A. 计算机软硬件环境　　　　　　B. 地理空间数据
   C. 系统维护　　　　　　　　　　D. 使用人员
4. EDI 的优势在于（　　）。
   A. 节省时间　　　B. 方便追溯　　　C. 降低成本　　　D. 提高质量
5. 条码的组成要素包括（　　）。
   A. 条　　　　　　B. 空　　　　　　C. 商标　　　　　D. 对应字符

三、判断题（正确的打"√"，错误的打"×"）

1. 条码技术与自动识别技术、POS 系统、EDI 系统等现代技术手段相结合，可以帮助企业随时了解有关产品在供应链上的位置，以便及时做出反应。（　　）
2. EDI 硬件是整个 EDI 系统中最关键的部分。（　　）
3. RFID 适用于物品跟踪、载运工具和货架识别等要求接触的数据采集和交换场合。（　　）
4. 二维条码储存数据是一维条码的几十倍到几百倍。（　　）
5. 与条码不同的是，射频识别电子标签可以不在识别器视线内，也不可以嵌入被追踪物体内。（　　）

四、填空题

1. 条码是由一组规则排列的（　　　　）、（　　　　）及其对应字符组成的，用以表示一定信息的标识。

2. 在水平和垂直方向的二维空间存储信息的条码称为（　　　　　　）。

3. 条码技术是利用光电扫描阅读设备来实现将代码数据输入计算机的技术。（　　　　　　）由扫描器和译码器组成，（　　　　　　）将条码符号转换成数字脉冲信号，（　　　　　　）则将数字脉冲信号转换成条码所表示的信息。

4. 由于（　　　　　　）电子标签可以唯一地标识商品，通过同计算机技术、网络技术、数据库技术等的结合，可以在物流的各个环节上跟踪货物，实时掌握商品的动态信息。

## 五、简答题

1. 什么是物流信息技术？

2. 射频识别系统的优点有哪些？

## 六、案例题

### （一）案例分析题

**请阅读案例，并根据案例回答第 1 ~ 2 小题。第 1 ~ 2 小题均为简答题。**

近年来，互联网的兴起带动了物流业的发展。目前多地将北斗卫星导航应用于物流业中，北斗卫星导航与物流业的融合加快了构建智慧物流的步伐，全方位满足现代消费者的需求。北京近年来逐步在物流车辆上安装北斗卫星导航设备，包含货车、挂车等多个车型，结合自身的物流大数据，进行了物流智慧管理。比如，通过对车辆速度和路线的实时监控，保障驾驶安全；结合北斗卫星导航系统的地理位置数据，进行数据分析和挖掘，定制了仓储和站点急需上门接货的位置信息，定制服务线路，提高物流效率，管控成本，也让信息更透明，让查看物流信息的买家看到最便捷的配送路线。2018 年，总部位于上海市青浦区的某物流平台超过 6000 台物流车辆均配备了北斗定位终端，整个物流配送过程实现全过程监控，通过利用智能化的物流数据，分析并优化物流过程中存在的问题。同年，辽宁省以北斗卫星导航系统等现代信息技术支撑的"物联网+物流"，加强机器人与自动分拣、二维码、免提扫描（智能眼镜）、自动驾驶货车、无人机、3D 打印、智能快递柜等技术设备的研发应用。

（资料来源：北斗助力智慧物流）

1. 北斗卫星导航系统与哪一种物流信息技术类似？

2. 上题中所提到的物流信息技术在物流领域有何应用?

### （二）案例选择题

**请阅读案例，并根据案例回答第 1~3 小题。第 1~3 小题均为单项选择题。**

基于 RFID 技术的"自动化分拣"解决方案采用更为先进的自动识别技术，相比于传统的分拣系统，具有更低的出错率、不受货品放置方向的影响、可穿透绝大部分物质读取、存储更多的物料信息、更好的扩展性。采用 RFID 技术，将 RFID 读写装置安装在输送线关键节点上，可以自动实现对包装物信息的跟踪管理。自动记录在输物品的操作过程和操作时间，对提高输送速度、减少发送错误、货物丢失等有重要的作用。

（资料来源：RFID 技术助力物流仓储）

1. RFID 是指（　　　）。
   A. 条码　　　　　　B. 射频识别　　　C. 电子数据交换　　D. 全球定位
2. RFID 的特点不包括（　　　）。
   A. 不受方向影响　　　　　　　　B. 可穿透绝大部分物质
   C. 不可读写　　　　　　　　　　D. 难以伪造
3. 关于 RFID 工作原理的叙述错误的是（　　　）。
   A. 电子标签离不开电池　　　　　B. 电子标签可嵌入被追踪物体内
   C. 部分电子标签可主动发出无线电波　　D. RFID 可以自动辨识与追踪物品

### 拓展阅读

## 北斗卫星导航系统

### 1. 概述

北斗卫星导航系统（以下简称"北斗系统"）是中国着眼于国家安全和经济社会发展需要，自主建设、独立运行的卫星导航系统，是为全球用户提供全天候、全天时、高精度的定位、导航和授时服务的国家重要空间基础设施。

随着北斗系统建设和服务能力的发展，相关产品已广泛应用于交通运输、海洋渔业、水文监测、气象预报、测绘地理信息、森林防火、电力调度、救灾减灾、应急搜救等领域，逐步渗透到人类社会生产和生活的方方面面，为全球经济和社会发展注入新的活力。

卫星导航系统是全球性公共资源，多系统兼容与互操作已成为发展趋势。中国始终秉持和践行"中国的北斗，世界的北斗"的发展理念，服务"一带一路"建设发展，积极推进北斗系统国际合作。与其他卫星导航系统携手，与各个国家、地区和国际组织一起，共同推动全球卫星导航事业发展，让北斗系统更好地服务全球、造福人类。

### 2. 发展历程

20 世纪后期，中国开始探索适合国情的卫星导航系统发展道路，逐步形成了三步走发展战略：2000 年年底，建成北斗一号系统，向中国提供服务；2012 年年底，建成北斗二号系统，向亚太地区提供服务；计划在 2020 年前后，建成北斗全球系统，向全球提供服务。

### 3. 发展目标

建设世界一流的卫星导航系统，满足国家安全与经济社会发展需求，为全球用户提供连续、稳定、可靠的服务；发展北斗产业，服务经济社会发展和民生改善；深化国际合作，共享卫星导航发展成果，提高全球卫星导航系统的综合应用效益。

### 4. 发展计划

中国坚持以"自主、开放、兼容、渐进"的原则建设和发展北斗系统。目前，我国正在实施北斗三号系统建设。根据系统建设总体规划，计划在 2018 年前后，面向"一带一路"沿线及周边国家提供基本服务；在 2020 年前后，完成 35 颗卫星发射组网，为全球用户提供服务。

### 5. 基本组成

北斗系统由空间段、地面段和用户段三部分组成。

——空间段。北斗系统空间段由若干地球静止轨道卫星、倾斜地球同步轨道卫星和中圆地球轨道卫星三种轨道卫星组成混合导航星座。

——地面段。北斗系统地面段包括主控站、时间同步/注入站和监测站等若干地面站。

——用户段。北斗系统用户段包括北斗兼容其他卫星导航系统的芯片、模块、天线等基础产品，以及终端产品、应用系统与应用服务等。

### 6. 发展特色

北斗系统的建设实践，实现了在区域快速形成服务能力、逐步扩展为全球服务的发展路径，丰富了世界卫星导航事业的发展模式。

北斗系统具有以下特点：一是北斗系统空间段采用三种轨道卫星组成的混合星座，与其他卫星导航系统相比，高轨卫星更多、抗遮挡能力更强，尤其低纬度地区性能特点更为明显；二是北斗系统提供多个频点的导航信号，能够通过多频信号组合使用等方式提高服务精度；三是北斗系统创新融合了导航与通信能力，具有实时导航、快速定位、精确授时、位置报告和短报文通信服务五大功能。

### 7. 服务

目前，正在运行的北斗二号系统发播 B1I 和 B2I 公开服务信号，免费向亚太地区提供公开服务。服务区为南北纬 55°、东经 55° 到 180° 区域，定位精度优于 10 米，测速精度优于 0.2 米/秒，授时精度优于 50 纳秒。

卫星导航系统是人类发展的共同财富，是提供全天候精确时空信息的空间基础设施，推动了知识技术密集、成长潜力大、综合效益好的新兴产业集群发展，成为国家安全和经济社会发展的重要支撑，日益改变着人类生产和生活方式。

中国将坚定不移地实施北斗系统建设，不断提升系统性能，履行服务承诺。坚持开放合作，加强推广普及，着力促进卫星导航在全球的广泛应用，让卫星导航更好地惠及民生福祉、服务人类发展进步。

（资料来源：北斗卫星导航系统网）

# 项目九

## 认识供应链

## 任务一 认识供应链与供应链管理

### 温故知新

**一、单项选择题（从每小题给出的四个备选答案中选出一个正确答案，并将所选答案的字母填在括号内）**

1. 在供应链的管理特征中，服务的管理目标是（　　）。
   A. 产量最大　　　B. 顾客满意　　　C. 成本最低　　　D. 关系和谐

2. 在供应链的管理特征中，实现管理目标需要借助（　　）。
   A. 生产技术　　　B. 销售技术　　　C. 信息技术　　　D. 管理技术

3. 供应链管理要求建立新型的企业与企业间的（　　）。
   A. 友好合作关系　B. 合作伙伴关系　C. 竞争合作关系　D. 战略伙伴关系

4. 供应链上的成员企业（　　）。
   A. 有共同目标　　　　　　　　　B. 追求自身利润最大化
   C. 转嫁各自风险　　　　　　　　D. 利益独占

5. 供应链的起点是（　　）。
   A. 采购原材料　B. 生产制造　　　C. 成品配送　　　D. 半成品加工

6. 利益共享、风险共担、追求整体价值最大化属于供应链管理基本思想中的（　　）。
   A. 系统观念　　　B. 共同目标　　　C. 主动管理　　　D. 开发核心竞争力

7. 在供应链的结构中，物流的起点是（　　）。
   A. 供应商　　　　B. 制造商　　　　C. 配送中心　　　D. 客户

8. 在供应链的结构中，物流的终点是（　　）。
   A. 供应商　　　　B. 制造商　　　　C. 配送中心　　　D. 客户

9. 在供应链的结构中，需求流的起点是（　　）。
   A. 供应商　　　　B. 制造商　　　　C. 配送中心　　　D. 客户

10. 在供应链的结构中，需求流的终点是（　　）。
    A. 供应商　　　　B. 制造商　　　　C. 配送中心　　　D. 客户

**二、多项选择题（下列每小题给出的四个选项中，至少有两个选项是符合题目要求的，请将所选答案的字母填在括号内）**

1. 供应链管理的特征主要是（　　）。
   A. 强调发挥每一个企业的核心竞争力
   B. 追求物流、信息流、资金流、工作流和组织流的集成
   C. 重视第三方物流
   D. 核心业务采用外包形式

2. 供应链管理可以（　　）。
   A. 节省资金　　　B. 增进客户关系　C. 激化企业间矛盾　D. 创造财富

3. 供应链是一条（    ）。

    A. 物料链　　　　　B. 信息链　　　　　C. 增值链　　　　　D. 资金链

4. 供应链管理的基本思想主要有（    ）。

    A. 系统观念　　　　　　　　　　B. 共同目标

    C. 积极主动的管理　　　　　　　D. 开发核心竞争力

5. 与供应链问题的难易复杂程度紧密相关的因素有（    ）。

    A. 外部环境　　　　　　　　　　B. 行业特征

    C. 国家政策　　　　　　　　　　D. 企业自身的特点

## 三、判断题（正确的打"√"，错误的打"×"）

1. 供应链是一个比物流更宽、更广的概念。　　　　　　　　　　　　（　　）

2. 供应链管理的核心业务可以采用外包形式。　　　　　　　　　　　（　　）

3. 供应链仅存在于生产型企业。　　　　　　　　　　　　　　　　　（　　）

4. 实际生活中的供应链往往涉及多种产品、多级生产和配送，并且是稳定不变的。

                                                          （　　）

5. 供应链是一个网链结构。　　　　　　　　　　　　　　　　　　　（　　）

## 四、填空题

1. 供应链是指在生产及流通过程中，涉及将产品或服务提供给最终客户活动的上游与下游组织所形成的（　　　　　）。

2. 供应链管理是指对供应链涉及的全部活动进行（　　　　　）、（　　　　　）、（　　　　　）与（　　　　　）。

3. 供应链管理重视形成企业间的（　　　　　）性竞争。

4. 供应链管理追求物流、信息流、资金流、工作流和组织流的（　　　　　）。

5. 供应链管理就是整合供应商、制造部门、库存部门和配送商等供应链上的诸多环节，减少供应链的成本，促进物流和信息流的交换，以求在正确的（　　　　　）和（　　　　　）中，生产和配送适当（　　　　　）的正确产品，提高企业的总体效益。

## 五、简答题

1. 供应链管理的基本思想有哪些？

2. 供应链管理有哪些特征？

## 六、案例题

### （一）案例分析题

请阅读案例，并根据案例回答第 1～2 小题。第 1～2 小题均为简答题。

2019 年 12 月，海南省交通运输厅和邮政管理局联合制定工作方案，深化交通运输与邮政快递融合，促进农村物流高质量发展。海南将以交通物流网络为基础，试点建立"特色农产品+加工流通+电商交易+物流运输+金融服务"一体化供应链管理服务体系，打造特色农村物流服务品牌，实现从生产、流通、交易到物流、配送的全链条服务，减少农产品流通环节，降低物流成本，促进农民增收和农村经济发展。

同时，海南还将基于乡村两级邮政网点，开展快件收投、代购代销、客运售票、金融缴费、电商咨询等服务；引导相关企业建立农村物流配送中心和信息平台，集中转运、统一配送，探索"定线、定车、定点、定时"的农村物流班线化配送模式。

（资料来源：海南试点建设农村物流一体化供应链）

1. 什么是供应链管理？

2. 供应链管理有哪些作用？

### （二）案例选择题

请阅读案例，并根据案例回答第 1～3 小题。第 1～3 小题均为单项选择题。

生鲜电商最注重的是产品品质和用户体验，而配送上的高成本和高损耗让冷链物流成为生鲜电商的一大弱点。对生鲜电商来说，市场需求仅仅作为一个起点。如果无法在信息、生鲜实物、资本和人员四个层面上实现采购、仓储、运输、配送、回收等各个环节的全供应链融合，生存就受到了威胁。相关数据显示，目前全国 4000 多家生鲜电商企业中，只有 1%实现了盈利，4%持平，95%亏损，其中 7%是巨额亏损。

（资料来源：食恪生鲜：冷供应链——生鲜电商未来之重要发展因素）

1. 供应链是一个上游和下游组织形成的（　　）。
   A. 单链结构　　B. 双链结构　　C. 多链结构　　D. 网链结构
2. 供应链管理的基本思想不包括（　　）。
   A. 最低成本　　B. 系统观念　　C. 共同目标　　D. 开发核心竞争力
3. 供应链管理需要（　　）。
   A. 非核心业务采用自营形式　　B. 核心业务采用外包形式
   C. 发挥每一个企业的核心竞争力　　D. 重视自营物流

## 拓展阅读

### 供应链发展正进入智慧生态阶段

国务院办公厅发布了《关于积极推进供应链创新与应用的指导意见》（以下简称《意见》）。这是一个具有里程碑意义的重要文件，标志着我国已将供应链创新与应用上升为国家战略，物流业从此将进入智慧物流与智慧供应链新阶段。

许多人会问，国家已明确物流业是国民经济的基础性与战略性产业，还先后颁发了《物流业调整和振兴规划》《物流业发展中长期规划（2014—2020）》等政策，为什么又要提出"供应链"？"供应链"与"物流"有什么不同？

物流业是由包装、运输、搬运、装卸、仓储、流通加工、配送、信息处理等功能组成的复合型服务产业，既是生产性服务业，也是生活性服务业。可以说，物流无处不在、无时不在，任何人、任何单位都离不开物流。2016年，中国社会物流总额达230万亿元人民币，货运总量为440亿吨，是全球最大的物流市场。而供应链是以客户需求为导向，以提高质量和效率为目标，以整合资源为手段，实现产品设计、采购、生产、销售、服务等全过程高效协同的组织形态。

"客户"指的不只是企业，还有需方，而这个需方既包括企业、事业单位，也包括产业、城市、国家；"产品"则包括实物产品与服务产品，因为供应链已渗透到经济与社会发展的各个领域；所谓的"资源"，既包括物质资源，也包括非物质资源；而这个"全过程"，同样既包括横向与纵向的过程，也包括内部与外部的过程；至于"组织形态"，则指的是运作模式与制度创新。

随着社会分工细化和信息技术进步，特别是互联网、物联网的应用，供应链逐步演化为产业及经济的组织形态，并从产业供应链发展到跨产业的平台供应链，以及跨产业、跨区域的供应链生态圈。

经过近半个世纪的研究与实践，供应链的发展将经历以下四个阶段。

1.0阶段——企业内部资源整合，功能集成，流程优化，企业一体化管理。

2.0阶段——企业与外部资源整合，业务协同，缩短产品生命周期，更快地占领市场，更有效地利用资产，实现"双赢"或"多赢"。

3.0阶段——价值链协作。利用互联网、物联网、大数据、云计算、电子商务等技术，对上游和下游客户实施纵向与横向一体化的整合，实施协同设计与制造，构成一个价值链网络，追求系统最优化。

4.0阶段——智慧供应链。供应链与互联网、物联网深度融合，基于大数据的人工智能应用成为供应链的重要特征，供应链组织形态更加扁平，虚拟生产、云制造等应用更加普及，技术与管理有效结合，最终形成更加高效、智能、人性化的供应链生态圈。

在认识供应链时，供应链与产业链、价值链是什么关系，是一个十分重要的问题。

价值链这一概念是1985年由哈佛大学商学院的迈克尔·波特提出的，他指出："每一个企业都是在设计、生产、销售、发送和辅助其产品的过程中进行各种活动的集合体，所有这些活动可以用一个价值链来表明。"

迈克尔·波特把企业价值创造的活动分为基本活动和辅助活动两类，基本活动包括进向物流、生产运作、出向物流、市场与销售、服务等；辅助活动包括企业基础设施、人力资源管理、技术开发、采购等。企业内部各业务单元的联系构成了企业的价值链，上下游关联企业之间的联系构成了行业价值链，全球产业布局、分工与合作形成了全球价值链。所以，价值链是从价值创造和利润切入的。

产业链是不同产业之间基于一定的技术、经济关系，并依据特定的逻辑关系和时空布局，客观形成的链条式的关联关系形态。产业链可以分为接通产业链与延伸产业链。产业链是既有广度又有深度的经济学概念，又是经济发展过程中的发展战略。

产业链主要是从不同产业之间的关联度、影响度切入的。而供应链，则是从市场的资源配置、流程优化、跨界整合、合作共赢切入的。

过去说起价值链、供应链、产业链，主要以企业为核心，但现在早已延伸到产业、城市、区域和国家，所以出现了全球产业链、全球供应链、全球价值链的概念，这三者是既相互区别又相互联系的统一体。

产业链是供应链依附的载体，离开了产业链，供应链就是无源之水。反过来，供应链可以促进产业升级，使产业链得到新发展。

价值链是产业链与供应链的目的与归宿，产业链与供应链的绩效要靠价值链来衡量。同样，产业链与供应链的效率与效益能保证价值创造的实现。

（资料来源：经济参考报）

## 任务二　了解供应链管理技术

### 温故知新

一、单项选择题（从每小题给出的四个备选答案中选出一个正确答案，并将所选答案的字母填在括号内）

1. 快速反应简称（　　）。
   A. EDI　　　　　　　B. QR　　　　　　　C. ECR　　　　　　　D. RFID
2. 有效客户响应简称（　　）。
   A. EDI　　　　　　　B. QR　　　　　　　C. ECR　　　　　　　D. RFID
3. 实施 QR 不应该（　　）。
   A. 自动补货　　　　　　　　　　　B. 独立开发产品
   C. 安装、使用条码和 EDI　　　　　D. 快速反应系统的集成
4. 实施 QR 必须首先（　　）。
   A. 安装、使用条码和 EDI　　　　　B. 零售空间管理
   C. 自动补货　　　　　　　　　　　D. 快速反应系统的集成
5. 实施 QR 的最后步骤是（　　）。
   A. 自动补货　　　　　　　　　　　B. 零售空间管理
   C. 建立先进的补货联盟　　　　　　D. 快速反应系统的集成

6. QR 连续补充商品的配送方式是（　　　）。
    A. 高频度、大数量            B. 高频度、小数量
    C. 低频度、大数量            D. 低频度、小数量

7. POS 是指（　　　）。
    A. 快速反应     B. 射频识别     C. 全球定位     D. 销售终端

8. QR 对零售商来说可以提高（　　　）。
    A. 销售额     B. 采购成本     C. 管理成本     D. 流通费用

9. QR 对零售商来说可以降低（　　　）。
    A. 销售额     B. 采购成本     C. 管理水平     D. 利润

10. ECR 要求产销双方的交易关系是一种（　　　）。
    A. 竞争对手关系            B. 竞争与合作共存关系
    C. 合作伙伴关系            D. 以上都不对

**二、多项选择题（下列每小题给出的四个选项中，至少有两个选项是符合题目要求的，请将所选答案的字母填在括号内）**

1. QR 可以（　　　）。
    A. 降低流通费用  B. 增加管理费用  C. 降低采购成本  D. 加快库存周转

2. 实施 ECR 可以采用的策略有（　　　）。
    A. 有效的促销            B. 有效的新产品导入
    C. 有效的店内布局            D. 高效的订货和补货

3. ECR 的特征有（　　　）。
    A. 管理意识的创新 B. 供应链整体协调 C. 运作成本较高  D. 涉及范围广

4. QR 对厂商的好处在于（　　　）。
    A. 更好地服务客户 B. 降低了流通费用 C. 降低了管理费用 D. 更好的生产计划

5. ECR 的原则是（　　　）。
    A. 增加销售额            B. 最大限度地降低物流过程费用
    C. 优胜劣汰            D. 满足客户要求

**三、判断题（正确的打"√"，错误的打"×"）**

1. ECR 要求产销双方的交易关系是一种输赢的关系。　　　　　　　　　（　　　）
2. ECR 所涉及的范围主要是批发业。　　　　　　　　　　　　　　　　（　　　）
3. ECR 系统并不把仓库或配送中心仅看作储存接收到的货物的地方，而是看作为紧接着的下一次货物发送做准备的一种分销系统。　　　　　　　　　　　（　　　）
4. 采用 QR 方法后，单位商品的采购成本会增加。　　　　　　　　　　（　　　）
5. QR 要求零售商和制造商是竞争关系。　　　　　　　　　　　　　　　（　　　）

**四、填空题**

1. 快速反应是指在供应链中为了实现共同的目标，零售商和制造商建立（　　　　　）关系，利用 EDI 等信息技术，进行销售时点的信息交换及订货的交换，用（　　　　　）

的配送方式连续补充商品，以实现缩短交货周期、减少库存、提高客户服务水平和企业竞争力的供应链管理方法。

2. ECR 要求产销双方是一种（　　　　　　　）型关系。

3. 有效的促销是指将经营重点从采购转移到（　　　　　　　），保持贸易和促销系统的高效率。

## 五、简答题

1. 快速反应对厂商和零售商有何好处？

2. 什么是有效客户响应？

## 六、案例题

### （一）案例分析题

请阅读案例，并根据案例回答第 1～2 小题。第 1～2 小题均为简答题。

ZARA 虽说有上万种服装，但其基本设计却远远没那么多，差异化更多地体现在颜色上。拿毛衣来说，ZARA 会生产相当数量的白毛衣（基本设计），一旦发现某种颜色的畅销，就让周边的众多小供应商染色，然后通过快速补货系统，两三个星期就供货到全球的门店。这就如在餐饮业，有人喜欢干煸豆角，有人喜欢腊肉炒豆角，但原材料都是豆角，预先摘好、洗净、摆好，等食客一点，几分钟就上菜。从播种到采摘到摆放在超市，整个周期是三四个月，跟从纺纱到衣料到染色的周期差不多。

（资料来源：构建服装供应链的快速反应机制）

1. 该案例说明了哪一种供应链管理技术的重要性？

2. 案例中的供应链管理技术对厂商有何好处？

### （二）案例选择题

请阅读案例，并根据案例回答第 1～4 小题。第 1～4 小题均为单项选择题。

戴尔公司利用一切先进的通信方法和自己的顾客保持联系，了解每一位顾客的独特需求，细分产品以满足不同顾客的不同要求。互联网是戴尔公司用来直接面对顾客的好工具，顾客不仅可以在网上直接指定自己需要的电脑类型和电脑零件，还可以指定送货方式及付款方式。通过互联网，戴尔公司可以全面地了解和把握市场需求，这种了解和把握会贯穿公司的每一个业务部门。从研发、生产到销售都需要遵循顾客的喜好，这样才能做到和顾客的需求同步。许多公司的生产过程都是优先于销售，在接到订单前早已经生产好了产品，等着顾客来购买，这样很容易造成产品的库存积压。而戴尔公司的方式则是先了解顾客的需求，然后生产。实现这种方式需要有一套很好的供应链管理系统，一旦解决了供应链系统，直线模式就能发挥最大的威力，使顾客得到最大的满足，同时也可以大大降低产品的积压。戴尔公司的存货期只有6天，而许多优秀的电脑生产企业的存货期也要30天。

（资料来源：戴尔供应链：为直线模式铺路）

1. 案例中戴尔公司主要采用的供应链管理技术是（　　　）。
  A. EDI　　　　　　B. QR　　　　　　C. ECR　　　　　　D. RFID
2. 以满足客户要求和最大限度地降低物流过程费用为原则的供应链管理技术是（　　　）。
  A. EDI　　　　　　B. QR　　　　　　C. ECR　　　　　　D. RFID
3. QR 是指（　　　）。
  A. 电子数据交换　　B. 快速反应　　C. 射频识别　　D. 有效客户响应
4. ECR 是指（　　　）。
  A. 电子数据交换　　B. 快速反应　　C. 射频识别　　D. 有效客户响应

## 拓展阅读

### 智慧供应链——宝洁创新之道

如何快速响应并俘获消费者？"用得好、买得到、到得快"。在杭州开启的中国 ECR 大会上，宝洁大中华区供应链副总裁马文娜在演讲中用三个关键词揭示了宝洁以消费者为中心，打造新零售时代下的智慧供应链的核心所在。在此次大会上，宝洁也一口气抱回四项大奖。

那么，宝洁中国如何通过创新智慧供应链建设来为消费者实现"用得好、买得到、到得快"的愿景？

**用得好——助力"全球尖货"进入中国**

用得好，当然就是为消费者提供优质的产品。过去数十年来，宝洁陆续在中国市场引入了超过20个品牌，宝洁出品也成为不少中国家庭的信赖之选。而在当今消费升级的背景下，让消费者用得好，对于宝洁也意味着需要将更多的、更好的产品引入中国，以满足消费者的需求。例如，宝洁将跨境电商平台作为潜在品牌和潜在市场的测试平台，大大减少了新品牌的引入时间和成本，旨在快速把全球优质的宝洁产品带给中国消费者。在整个计划实行当中，供应链起到了重要作用。从最初的策划到宝洁海外旗舰店登陆仅仅用了短短 80 日，上线第一天就有 5个爆款卖到断货，并在当年天猫跨境电商店铺排名中一跃进入前三名。

**买得到——线上线下全渠道保证"有货率"**

有了好的产品，当然还要让消费者随时随地地买得到。在新零售时代，买得到也意味着需要线上线下全渠道保证产品的"有货率"。作为产品制造商，宝洁积极携手战略零售客户共同努力，针对不同客户的特点，梳理供应链，减少库存和供求的偏差，形成良性循环。CPFR（协同沟通、计划、预测、补货）模型是关于提升货架有货率的行业通用指导模型。它通过与客户协同沟通、协同计划、协同预测、协同补货，形成良性的供应链链路。

在这个模型里，意愿与能力显得尤为重要。无论是宝洁还是零售商，都需要有联合价值创造的理念，并且本着共赢的原则进行分享合作。在能力方面，组织架构、数据系统、运作管理流程是关键。举个例子，通过高效的 CPFR 模型，宝洁与一个战略合作客户用短短 6 个月的时间，就使得客户订单满足率提升 9%，货架缺货率降低 2%，库存减少 9%。

### 到得快——"大数据"整合让你"加速"收货

在新零售时代，人们不仅要随时随地"买买买"，而且希望下完单转身就能收到快递。送货的速度，在很大程度上影响着人们的购买体验，当然也会影响人们的购买决策。所以，想要让消费者拥有完美的购物体验，"到得快"不容忽视。究竟如何才能"到得快"？在铺开线上渠道的同时，宝洁也一直探索着线上供应链的优化建设。这其中，运用大数据分析，将库存、生产、包装、运输环节都实行灵活机制，则成为让智慧供应链"加速"的关键。

灵活库存：通过大数据的分析，从需求端出发，使需求可视，使库存计划反映客户需求。

灵活生产：对比以前传统的大批量供货，进化成小批量、多批次，让生产更具灵活性，更能满足实际需求。

灵活包装：传统的模式在生产、分销、包装、发货过程中，一份产品也许经过多次包装产生了资源的浪费；而现在，宝洁通过运用商家电商直供装策略，让产品从生产线直接到消费者手上，不需要再进行二次包装，大大提升了速度。换句话说，当宝洁产品离开工厂的时候，它就已经满足快递发货标准，可以直接到达消费者手里了。

灵活运输：同理，过去我们发货时使用的是实物纸质收货单，客户在收货时通过卸货、清点以后才能知道收到的货物是什么，从而安排下一步。然而，这一切已经进化成带板运输+ASN（提前发货通知）。它通过电子发货清单，让客户提前了解这一批货物的具体产品、数量，提前做好上架后的安排。效率再次获得提升！

新零售时代，也是一个消费者体验至上的时代。在宝洁看来，一件产品从工厂生产线到最终到达消费者手中，整个过程的每一个节点都可能成为影响消费者体验的一环。而打造"用得好、买得到、到得快"的新零售时代下的智慧供应链，说到底，一切都是为了营造更好的消费体验，让消费者买得更满意。

（资料来源：美通社）

# 反侵权盗版声明

电子工业出版社依法对本作品享有专有出版权。任何未经权利人书面许可，复制、销售或通过信息网络传播本作品的行为；歪曲、篡改、剽窃本作品的行为，均违反《中华人民共和国著作权法》，其行为人应承担相应的民事责任和行政责任，构成犯罪的，将被依法追究刑事责任。

为了维护市场秩序，保护权利人的合法权益，我社将依法查处和打击侵权盗版的单位和个人。欢迎社会各界人士积极举报侵权盗版行为，本社将奖励举报有功人员，并保证举报人的信息不被泄露。

举报电话：（010）88254396；（010）88258888

传　　真：（010）88254397

E-mail：　dbqq@phei.com.cn

通信地址：北京市万寿路 173 信箱

　　　　　电子工业出版社总编办公室

邮　　编：100036